コロナ恐慌で財産を10倍にする秘策

The Secrets
- Making 10 times Assets in Great Depression of Covid-19

浅井隆

第二海援隊

プロローグ

コロナ大恐慌を逆手にとって財産を殖やす

ついに、コロナがやってきた。そして大不況まで到来した。

本当に大変でつらい時代になったものだ。とりわけ、飲食店、ホテル、旅館、観光関連にはすさまじい被害が発生している。世界一のトヨタですら、右往左往だ。

でも、待ってほしい。昔から「ピンチはチャンス」というではないか。しかし、こんな世界中がやられている緊急時に、〝大チャンス〟なんて本当にあるのだろうか。

実は、あるのだ。

あの株価が大暴落した二〇二〇年の二～三月に、わずか三週間で価格が一〇〇倍になった投資手段があったのだ。つまり一〇万円投資していたら一億円になったということだ。

それこそ、「日経平均オプション」と言われるものだ。ほとんどの日本人が知らないこのノウハウを使えば、コロナ大恐慌を逆手にとってあなたの財産を一〇倍どころか一〇〇倍にすることも夢ではない。

そう、この〝オプション〟こそ、この暗い時代に一条の光となり、夢と希望を与えてくれる唯一の手段なのだ。一見難しそうに見えるこのノウハウも、勉強すれば三ヵ月でマスターできる。

だから、こんなに面白いノウハウを使わない手はない。そして、この最新兵器を使ってコロナ禍の重苦しい空気を吹き飛ばして、あなたも明るくたくましく未来を作ろうではないか‼

読者の皆さんに、幸運の女神が舞い降りることを祈ってペンを置く。

二〇二〇年七月吉日

浅井　隆

目次

コロナ恐慌で財産を10倍にする秘策――――

第三章　あなたが大金持ちになれない本当の理由

第四章　オプションの正しいやり方
――秘伝を公開。基本から応用まで

第五章　一発一〇〇〇倍狙いか、デイトレで年二倍（一〇年で一〇〇〇倍）狙いか

エピローグ

第一章　コロナ大暴落（二〇二〇年二～三月）で
オプションは三週間で一〇〇〇倍になった
――つまり、一〇万円買っていれば一億円に!!

Get Rich or Die Tryin'（リッチになるか、さもなければなろうとして死ね）

あえて冒頭から刺激的な見出しを用意したのには意味がある。これは、米ニューヨーク・クイーンズ出身の大物ラッパー「50セント」のデビュー・アルバムのタイトル「Get Rich or Die Tryin'」（リッチになるか、さもなければなろうとして死ね）を引用したものだ。この音楽アルバムは、全世界で一一〇〇万枚というすさまじいセールスを記録している。

ちなみに、「50セント」というのはもちろん芸名で、本名はカーティス・ジャクソンという。一九八〇年代にニューヨークのブルックリンで暗躍した実在のギャング、ケルビン〝50セント〟マーティンから着想を得て命名したという。彼自身もギャングの出自であり、乱暴な面も多々あるが、まさにアメリカン・ドリームを体現した人物だ。

日本人からすると知る人ぞ知るという存在だが、世界的にはとても著名で、やんちゃなお騒がせのキャラクターとしてお茶の間をにぎわせることもある一方、実業家としてもそれなりの成功を収めている。彼の半生を映画化した「ゲット・リッチ・オア・ダイ・トライン」も大ヒットを記録しており、興味がある人は観てみるのもよいだろう。そこには、荒々しくもまさに「一発逆転」と呼ぶにふさわしいストーリーが描かれている。

さて、ここからが本題だ。実は、投資の世界にも「50セント」と呼ばれ世紀の大逆転を演じたトレーダーが存在する。彼の名前は、ラッパーの50セントにちなんで付けられたのだが、その素性の一切はわかっていない。国籍や性別、年齢などすべてが謎に包まれた投資家だ（一部ではロンドン在住のヘッジファンド・マネージャーだと報じられているが、本人は否定しており真偽のほどは定かではない）。

この謎の投資家がメディアで扱われる時は、ラッパーの50セントの写真が用いられることが多く、まれに混同している人がいるがまったくの別人である。

50セントは、二〇一七年に風雲児のごとく現れた。金融系のメディアが彼をこぞって取り上げたのだが、なぜ急激に注目度が高まったかというとそれは50セントが取った奇妙な投資行動にある。

その奇妙な投資行動とは、「ＶＩＸのコールオプションの価格が五〇セント程度にまで下がるタイミングで大量に買いを入れる」というものであった。そしてそれはその当時、まさにカネをドブに捨てる行為に等しかったのである。

「ＶＩＸのコールオプションを大量に買う」と聞いても、多くの読者の皆さんは何が何だかチンプンカンプンであろう。この奇妙な投資の詳細については一旦後回しにするが、結論からすると50セントはこの取引によって、二〇一七年から二〇一八年初頭までにおよそ二億ドルもの損失を出した。二億円ではない。もちろん二億円でも十分に大金だが、二億ドルである。相当な富裕層であっても、二度と立ち直れないほどの額だ。それゆえ、多くの金融系メディアが面白がって「カネをドブに捨てている投資家がいる」と書き立てたのである。

二〇一七年三月三一日付の米金融情報番組ＣＮＢＣは、「すでに七五〇〇万ドルを失ったにも関わらず、今も50セントは動じることなくボラティリティの急騰に賭けている」と驚きをもって報じた。同番組は、「仮に、二〇〇八年のようなことが再現されれば、直近で（その当時に）50セントが購入した二五〇万ドル分のオプションは約三億ドルにまで化ける」とも説明したが、あるヘッジファンド運用者の言葉として「その可能性は、はるかに小さい」と伝えている。

事実、メディアの嘲笑もつゆ知らず、50セントは一貫して「ＶＩＸのコールオプションが安くなったら大量に買う」という投資行動を取り続けた。50セントの損失が膨らむにつれメディアの報道も過熱したが、最終的に50セントはとんでもない逆転劇を演じるのである。

二〇一八年二月初旬、にわかに信じられないかもしれないが、50セントはほぼ一夜にして四～五億ドルという膨大な利益を手にした。すなわち、それまでに積み上がっていた損失の二億ドルを差し引いても、二～三億ドルという巨額の利益が一夜にして懐に入り込んできたということになる。世界中の金融系メディアがこの出来事を報じ、「世紀の大逆転劇」と伝えられた。

ブルームバーグ（二〇一八年二月一三日付）は以下のように報じた――「そ

の手法が好きか嫌いかは別として、負け犬が一躍頂点に登り詰めた。ＣＢＯＥボラティリティー指数（ＶＩＸ）が吹き上げるのを辛抱強く待ち続けた結果、莫大《ばくだい》な利益を手に入れた。先週の市場の混乱に乗じた最大の勝者の中に、ＶＩＸオプションに連動するアウト・オブ・ザ・マネー（ＯＴＭ）を一枚約五〇セントで買っていた投資家がいる。マクロ・リスク・アドバイザーズ（ＭＲＡ）のデリバティブ戦略責任者プラビット・チンタウォンバニッチ氏は、『50セント』として知られるこのトレーダーが、二〇一七年初めからの一連の取引で計二億ドル近くまで資産を増やしたと推定する」。

各種メディアによると、50セントはその後もタイミングを見計らって同様の投資行動を取り続けている。しかも、大きな成果を上げている模様で、二〇一八年末のクリスマス暴落や今回のコロナショックでも同様の取引を通じて莫大な利益を上げたと報じられた。とりわけ今回のコロナショックでは、先のリーマン・ショック時に匹敵するほどＶＩＸが跳ね上がったため、相当なリターンを出したと伝えられている。

50セント氏の投資成績（2017〜18年初頭）

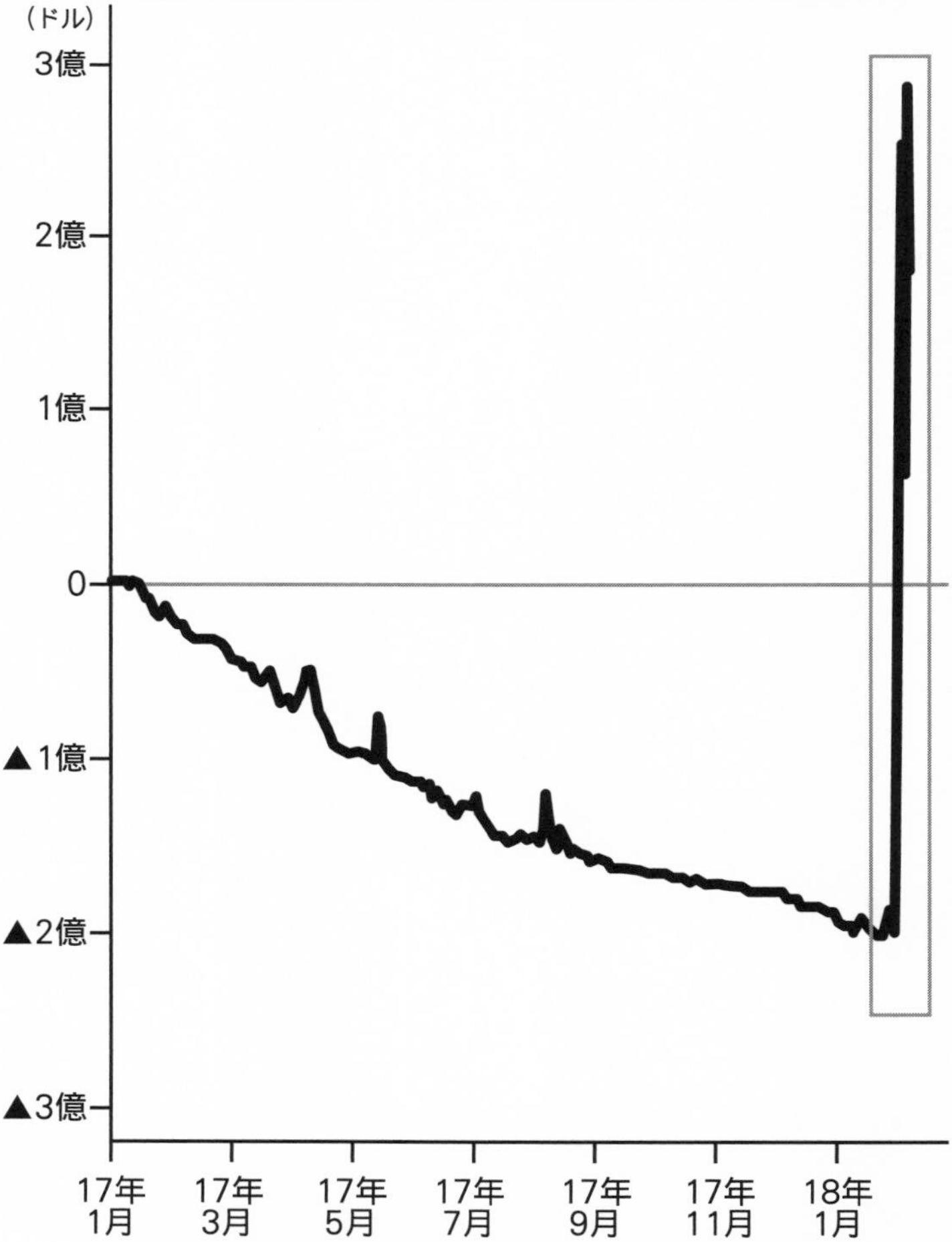

Macro Risk Advisors、ブルームバーグのデータを基に作成

ここで50セントの奇妙な投資行動について簡単に説明しておきたい。50セントの投資行動とは「ボラティリティの急上昇に賭ける」というものであった。より平易に表現すると、「株価が大暴落すれば莫大な利益が出る」という投資である。

この世の中には、株価の大暴落に備えるための手段が多くあるが、中でも50セントが採用したのは「ＶＩＸのコールオプションが安い時に大量に仕込む（買い入れる）」というものであった。この投資方法は、期限付きの保険を購入するようなもので、将来のある時点までに株価がとてつもなく暴落すれば（ＶＩＸが急騰すれば）大きな利益が出る一方、その期限までに株価の大暴落が起こらなければ掛け金のすべてを失うという仕組みである。

より詳細に踏み込むが、「ＶＩＸ」とは「Volatility Index」（ボラティリティ・インデックス）の略だ。別名「恐怖指数」とも呼ばれており、新聞などで目にしたことがあるという人もいるだろう。アメリカを代表する「Ｓ＆Ｐ５００」の値動きの激しさを示した指数（米シカゴ・オプション取引所がＳ＆Ｐ５００

VIXの水準とS&P500の予想範囲

VIX（CBOEボラティリティ指数）の水準	S&P500の30日間の予想範囲
10	±2.9%
15	±4.3%
20	±5.8%
25	±7.2%
30	±8.7%
35	±10.1%

CBOEのデータを基に作成

のオプション取引の値動きを元に算出・公表される指数）というのがＶＩＸの正式な説明だが、より一般的には「投資家の不安心理を数値化したもの」と解釈されている。あまり難しく考えずに、「ＶＩＸの数値が高い＝投資家が先行きに不安を感じている」と解釈すれば問題ない。

過去の平均からすると、ＶＩＸの数値は二〇ポイント以下で推移することがほとんどだ。二〇ポイントを超えることは珍しいとされるが、二二～二三ページのチャートを見ればわかる通り、一年に一度くらいはＶＩＸが大きく跳ね上がるタイミングが訪れる。

ちなみにＶＩＸの過去最高値は、日中ベースだとリーマン・ショックの二〇〇八年一〇月二四日に付けた八九・五三ポイント。終値ベースではコロナショックの二〇二〇年三月一六日に付けた八〇・八六ポイント。過去最安値（日中ベース）は、二〇一七年一一月二四日の八・五六ポイントだ。

このＶＩＸは金融商品として一ポイント＝一ドルで取引することができる。たとえば、ＶＩＸが一〇ポイント（一〇ドル）の時に買って二〇ポイントに

VIXの推移

	VIX始値	VIX最高値	VIX最安値	VIX終値
2006年	12.25	23.81	9.39	11.56
2007年	12.16	31.09	9.70	22.50
2008年	22.58	**89.53**	15.82	40.00
2009年	39.58	57.36	19.25	21.68
2010年	21.68	48.20	15.23	17.75
2011年	17.94	48.00	14.27	23.40
2012年	22.95	27.73	13.30	18.02
2013年	15.24	21.91	11.05	13.72
2014年	14.32	31.06	10.28	19.20
2015年	17.76	53.29	10.88	18.21
2016年	22.48	32.09	10.93	14.04
2017年	14.07	17.28	**8.56**	11.04
2018年	10.95	50.30	8.92	28.34
2019年	27.54	28.53	11.03	13.78

なった時に売れば、単純計算で一〇ドル利益が出るといった具合だ。反対にVIXの低下を狙って、〝売り〟から入ることもできる。

しかし、50セントはVIXを単に売買するのではなく、「オプション取引」という方法でボラティリティの大変動（株価の大暴落）に賭けた。このオプション取引の詳細については第四章で述べるが、50セントは「ある決められた時点までにVIXが二〇ポイントを上回れば利益が出る」というコールオプションを購入している。もちろん、その決められた時点までにVIXが二〇を上回ることがなければ、基本的に投資した全額を失う。

振り返ると、二〇一七年の株式市場はまさに絶好調であった。二〇一七年末時点でS＆P５００は一四ヵ月連続の上昇を記録、米バンク・オブ・アメリカ・メリルリンチによるとそれは一九二八年以来のことだったという（経済史に詳しい方はその翌年に何が起こったかピンとくるはずだ）。世界の株式時価総額も、リーマン・ショック時の二六兆ドルから二〇一七年には九三兆ドルまで膨らんだ。

ＶＩＸの長期チャートをご覧いただきたい。二〇一七年は株価が著しい上昇局面にあったため、ＶＩＸがどの時期よりも低下していることがわかる。この年のＶＩＸは過去平均の一三～一九ポイントを大幅に下回り、一〇ポイント以下で推移するということも珍しくなかった。同年一一月二四日には、ＶＩＸの過去最安値（八・五六ポイント）が記録されている。

そんな株式市場が極めて楽観的な雰囲気の中で、50セントは登場した。ＶＩＸが低下しているということは、ＶＩＸ急騰に対する保険料（コールオプション）も安くなっているということであり、50セントはそのタイミングを狙って定期的に大きく相場を張ったのである。

ちなみに二〇一七年にＶＩＸが二〇ポイントを超えて上昇したことは一度もなかったが、その前に超えたのは二〇一六年イギリスの欧州連合（ＥＵ）離脱（ブレグジット）の是非を問う国民投票と、周囲の予想を裏切ってドナルド・トランプ氏が当選を果たした米大統領選の前後のみ。そうしたイベントが終わると、ボラティリティは鳴りを潜めた。そのため、多くの市場関係者の目には50

長期チャート

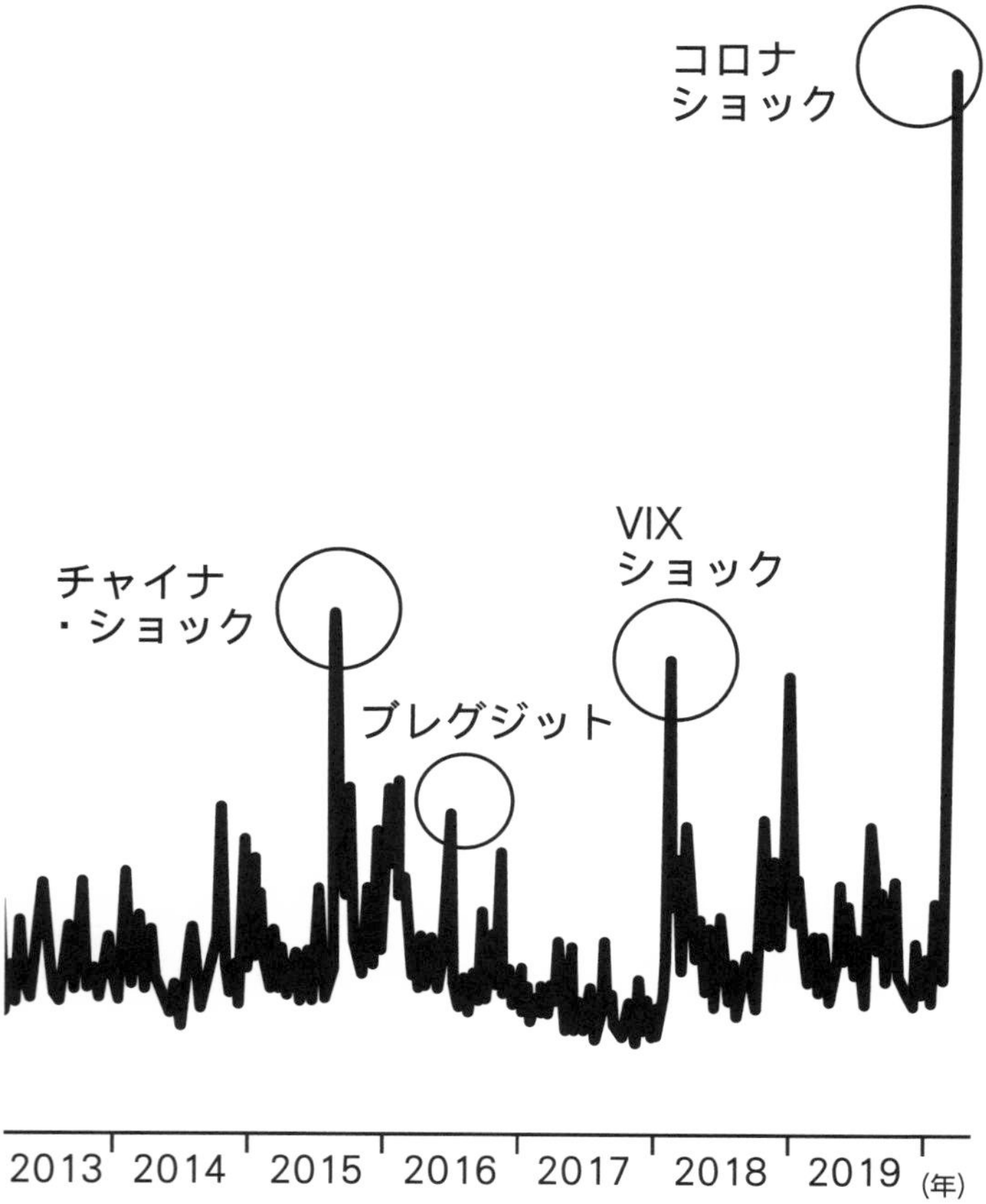

ブルームバーグのデータを基に作成

VIX終値

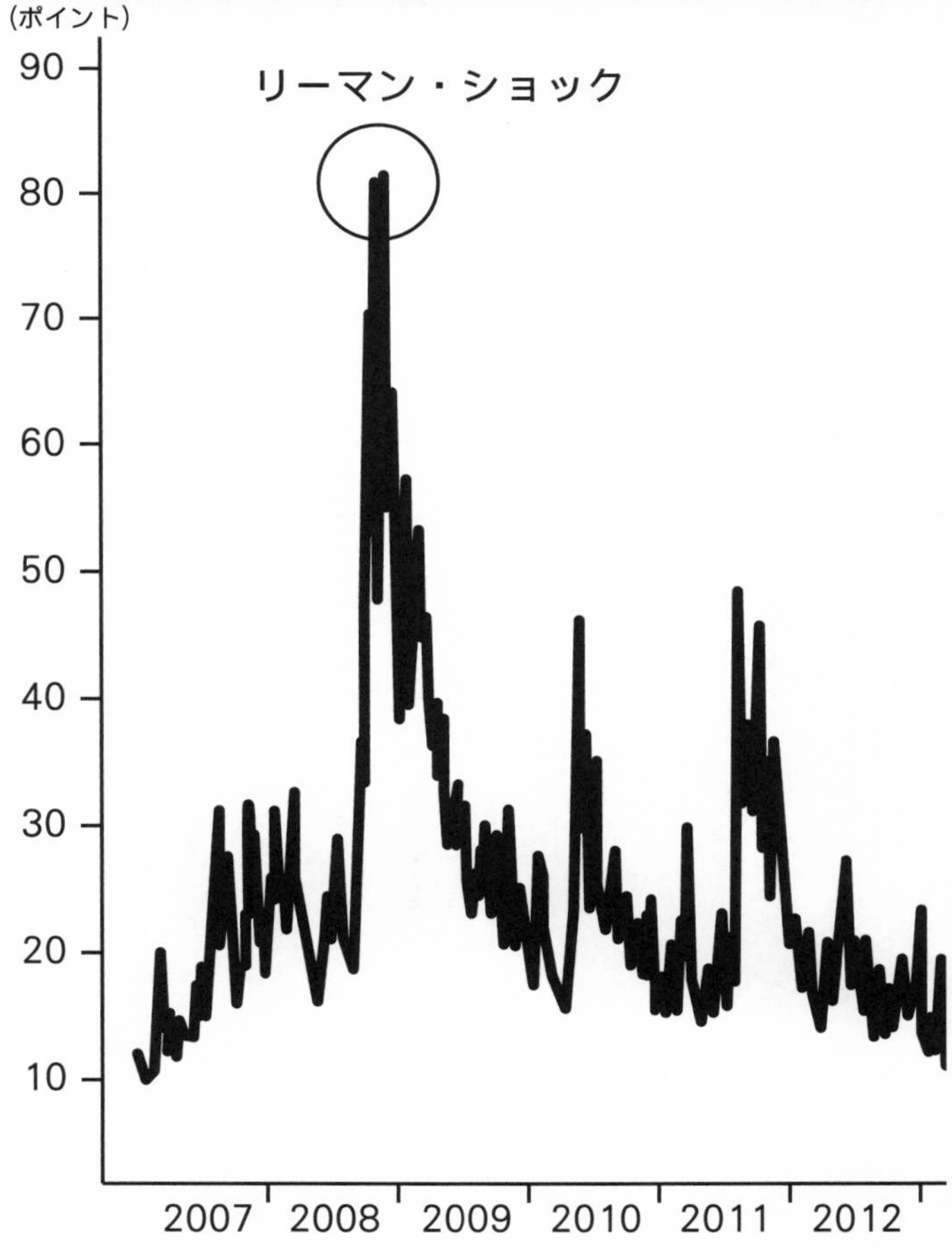
(ポイント)
90
80
70
60
50
40
30
20
10
リーマン・ショック
2007
2008
2009
2010
2011
2012

セントの投資行動が奇異に映ったのである。

二〇一七年五月九日付の米バロンズ誌は50セントを取り上げており、「今のところ、50セントはそのオプションに支払ってきた50セントを失ってきており、起きていない大惨事のための保険料は数百万ドルに上っているらしい」と伝えた。また、かつてない強気相場が続き一〇％の調整（株価の下落）さえ珍しくなってきている状況下でＶＩＸのコールオプションを購入することは、「干ばつのときに洪水保険を買うようなもの」（同前）だと皮肉を交えて報じている。

二〇一八年が明けても株価の騰勢は続いた。一月二六日にはニューヨーク・ダウ平均株価は二万六六一六・七一ドルと当時の史上最高値を更新したのだが、その三日後の一月二九日頃からＶＩＸがにわかに上昇し始めたのである。俗に言う「ＶＩＸショック」の始まりであった。

二月五日にＶＩＸは三八・八〇ポイントまで上昇するが、翌日にはさらなるパニックが待っており、二月六日にＶＩＸは一時五〇・三〇ポイントまで急騰したのである。このＶＩＸショックで、ニューヨークダウは史上最高値から三二五六・四二ドルも下げたのであった。

このＶＩＸショックの原因はいまだに不明とされているが、長期にわたって騰勢が続いてきただけに、多くの投資家が不意打ちを食らったということだけは間違いない。勝ち組は圧倒的な少数派であったが、その一人に50セントが挙げられる。前述したように、50セントはそれまでに二億ドルもの損失を出していたが、ＶＩＸ急騰によってコールオプションの価格は四億ドル以上にまで値上がりし、差し引き二億ドルという莫大な利益を手にした。

その後、同様の手法で50セントは二〇一八年末のクリスマス暴落でも利益を出したと報じられている。

50セントが手にした常軌を逸した利益、その額「八億ドル」

そして二〇一九年末、複数のメディアが「50セントの再登場」を伝えた。結論から言うと、50セントは今回のコロナショックで「常軌を逸した」と言えるほど莫大な利益を叩き出したのである。

思い返すと、二〇一九年末は翌年の株高ラリーを期待する声で溢れていた。アメリカでの大統領選挙、そして東京でのオリンピック開催を理由に強気予想が支配的であったことをはっきりと覚えている。アメリカでは、「二期目を賭けた大統領選挙の年の暴落はない」というアノマリー（理論的根拠があるわけではないが、よく当たる相場での経験則）が広く信じられていたし、ここ日本でもオリンピックを好況下で迎えるために政治家は演出（経済対策）を惜しまないと皆が確信していたと言えよう。

こうした楽観が支配的な状況は、50セントからすると率直に言って保険を買う好機だ。単純にＶＩＸ急騰の保険料（コールオプション）が安くなっているからである。ごく当たり前のことだが、投資のセオリーは「安い時に買って高い時に売る」ことだ。

二〇一九年一二月一八日付のブルームバーグは「ＶＩＸコールオプションを大量購入―投資家『50セント』が再登場か」と題して、以下のように伝えている――「行使価格二二ドル、一月限のオプション約一三万枚を一人の投資家が一枚当たり約五〇セントで購入した。このオプションはVIXが現在のほぼ二倍に上昇すると利益が出る。一二月一七日はS&P500種が四日連続の最高値更新に向けて上昇し、VIXは今年の最低付近で推移した」。

今回のコロナショックで、VIXが二二を上回ったのは二月二四日のことであり、結論からすると50セントが大量に買った一月限のコールオプションは価値を失っている。ちなみにVIXのコールオプションの「期限」は、毎月第三金曜日でありこの場合は、「二〇二〇年一月の第三金曜日までにVIXが二二を上回れば利益が出る」というコールオプションであった。

もちろん、かつて二億ドルもの損失を許容した彼からするとこれくらいの失敗など痛くもかゆくもないだろう。当然、50セントはその後も「二月限」や「三月限」のコールオプションも買い進めた。

その様子を、二〇二〇年一月二九日付のロイターが「謎の投資家『50セント』、VIXコールオプションを大量購入か」と題して報じている――「今月、少なくとも一人の投資家がシカゴ・オプション取引所のボラティリティー指数（VIX）の二月限のコールオプションを大量に購入した。購入価格は一枚当たり約五〇セント。VIXが上昇すれば価値が高まるオプションで、二月下旬までにVIXが二二に到達すれば、権利を行使できる」。

前述したように、VIXが二二を上回ったのは二月二四日のことであり、結果的にこの二月限（二月二二日が期限）のコールオプションも価値を失った。しかしロイターによると、50セントは三月限のコールオプションもしっかり購入している。「（一月）二七日と二八日には、少なくとも一人の投資家が三月限のVIXコールオプションを大量に購入。購入価格は五七・五セント、五九セントだった。VIXが二八に到達すれば権利を行使できる」。そして、こうも付け加えた──「この取引を除けば、現時点で投資家が株価下落に備えたポジションを膨らませている兆しはない」。今回のコロナショックにおいても、50セントがいかに圧倒的な少数派であったかがわかる。

そして、この三月限が「大当たり」した。VIXが二八を超えたのは二〇二〇年二月二五日のことで、そこからさらに上昇し三月一六日には終値ベースでリーマン・ショック時を上回り過去最高を記録する。この日のＶＩＸは八二・六九で終了したが、それまでの終値ベースの最高は、米議会が金融危機当時に自動車業界救済計画の採決を延期した二〇〇八年一一月二〇日に付けた八〇・八六。しかも二日後の一八日には八五・四七を付けており、二〇〇八年一〇月二四日に付けた日中ベースの最高値八九・五三に迫った。

先ほど「大当たり」と記したが、もはやそんなレベルではない。英フィナンシャル・タイムズ（二〇二〇年四月九日付）は、50セントが購入した二二〇〇万ドル分のコールオプションが、およそ八億ドルにまで化けたと報じている。つまり、差し引き七億ドル以上の利益を手にしたというのだ。

しかも50セントは、その他の方法でも世界的な株の暴落をヘッジしていたようで、フィナンシャル・タイムズは合計で二六億ドルもの利益を出したと伝えている。

こうした50セントによる一連の投資は、まさに金融におけるダイナミズムの真骨頂と言えよう。極めてスケールの大きい話であり（宝くじが小さな話に思えるほどだ）結果的に大儲けできたが、二〇一七年には一時的とはいえ二億ドルもの損失を許容しており、そんなことは普通の個人レベルでは到底できることではない。そもそも日本人がＶＩＸオプションを取引すること自体が困難だ。

ところが、二億ドルもの損失を許容することなく50セントのようなダイナミズムな投資を再現できる方法がある。それこそが、本書の主題である「日経平均オプションを駆使する」というものだ。

コロナ大暴落（二〇二〇年三〜四月）でプットオプションは一〇〇〇倍に

日経平均オプションを使って50セントの戦略を模倣するとすれば、たとえば、二〇〇万円の損失を許容し、二〇〇〇万〜二億円程度の利益を狙うということもできる。さらに投じる金額を少なくすることも可能で、二〇万円の損失を許容し、二〇〇万〜二〇〇〇万円程度の利益を狙うというスタンスでも構わない。

今回のコロナショックで、日経平均株価は年初来の高値二万四一一五・九五円（二〇二〇年三月一七日の日中）から三〇％程度もの下落を記録したが、その間に約一〇〇〇倍の値を付けたオプションが存在する。正確には二〇二〇年三月限の権利行使価格一万八〇〇〇円のプットオプションが、九四七・一一倍となった。

ただし、これは利益を最大化できた場合の倍率であり、個人がもっとも安く買ってもっとも高く売るというのは至難の業である。その点を割り引いたとしても、今回のコロナ禍に乗じて投資した金額の一〇〇倍くらいの利益を手にした人は大勢いるはずだ。

オプション取引というのは、これほどまでに投資効率が良い。掛け金を支払うことで手軽に株価暴落に対するリスクヘッジができるというのも大きな魅力だ。買い建てに限れば、信用取引のようにマージンコール（追い証）が発生することはない。

三二～三三ページのチャートをご覧いただきたい。これはＶＩＸの日本版

近年のショック

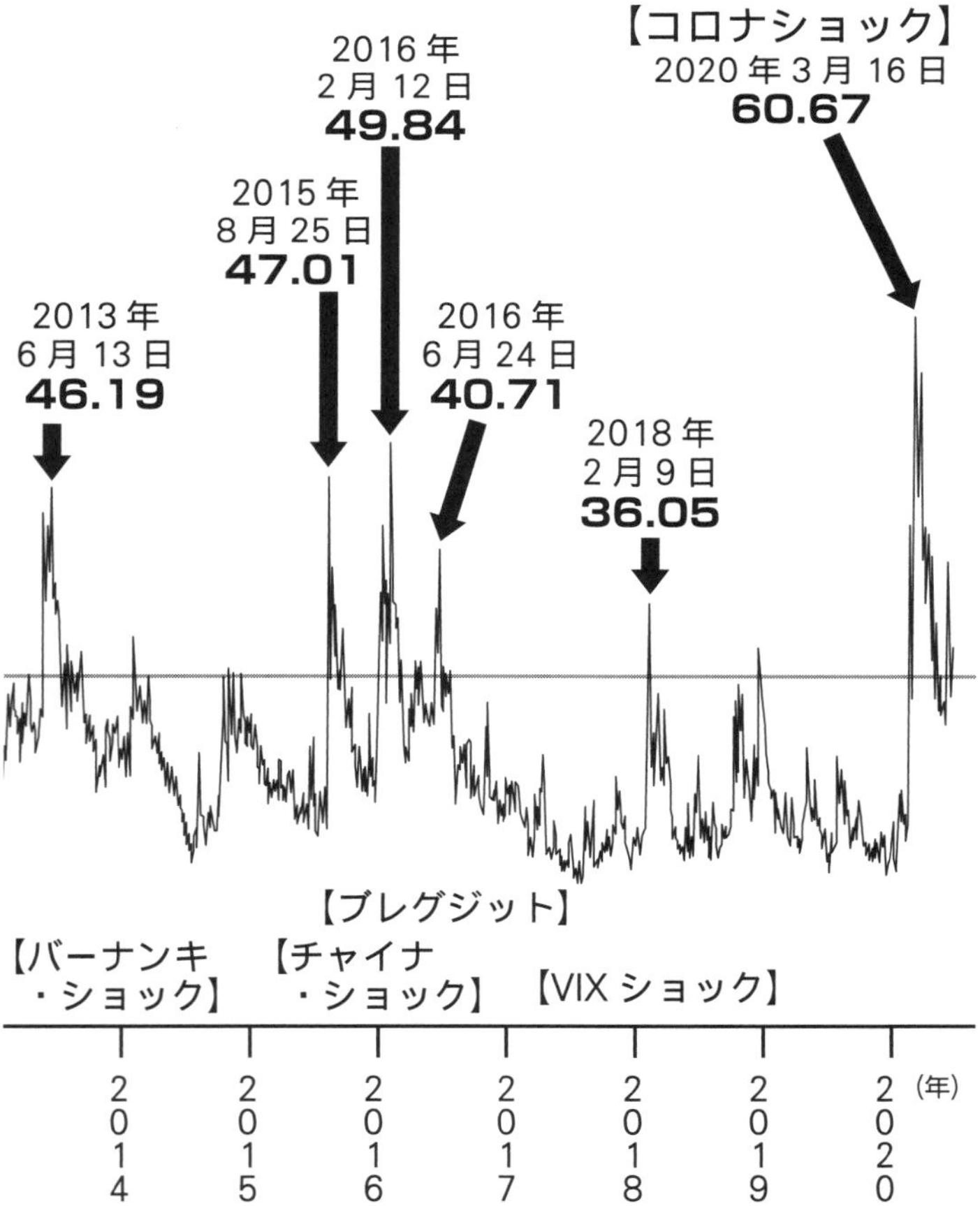
【コロナショック】
2020年3月16日
60.67
2016年
2月12日
49.84
2015年
8月25日
47.01
2013年
6月13日
46.19
2016年
6月24日
40.71
2018年
2月9日
36.05
【ブレグジット】
【バーナンキ・ショック】
【チャイナ・ショック】
【VIXショック】
2014
2015
2016
2017
2018
2019
2020
(年)

日経平均VIにみる

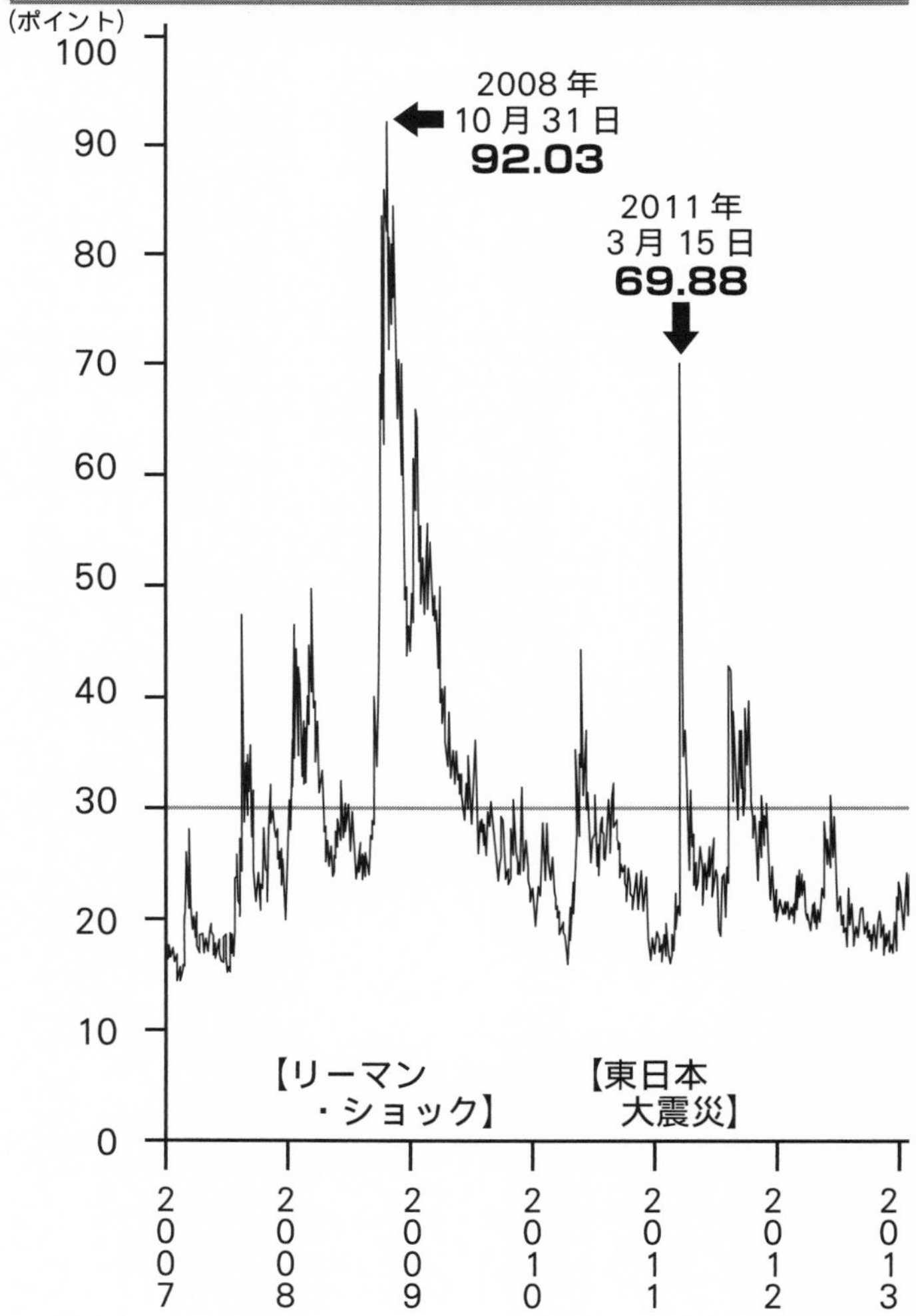
(ポイント)
100
90
80
70
60
50
40
30
20
10
0
2008年
10月31日
92.03
2011年
3月15日
69.88
【リーマン
・ショック】
【東日本
大震災】
2007
2008
2009
2010
2011
2012
2013

「日経平均ＶＩ」（日経平均ボラティリティ・インデックス）の長期チャートだ。「ＶＩＸ」と「Ｓ＆Ｐ５００」が逆相関であるのと同じで、この「日経平均ＶＩ」と「日経平均」も逆相関、すなわち日経平均ＶＩが上昇した時は株価が下落しているという関係にある。端的に言って、「日経平均ＶＩが三〇に跳ね上がるタイミングが、プットオプションで大儲けできるチャンス」だ。

そして、そうしたイベントは、思われているよりも頻繁に起きている。三五ページの図がそうだ。たとえば、前出50セントが世紀の大逆転を演じた二〇一八年初頭のＶＩＸショックの際は、日経平均も一〇％超の下落を記録しており、プットオプションの価格も跳ね上がっている。もっとも大きい価格変動があったのは、二〇一八年二月限の権利行使価格二万一二五〇円のプットオプションで、一月二九日の終値ベースでは一円だったが、二月六日の終値はなんと二八〇円。すなわち、二八〇倍に化けた。もう少し割高な二万二〇〇〇円のプットオプションでも五円が七一五円と一四三倍に跳ね上がっており、軒並みプットオプションが暴騰したことがわかる。

近年の『ショック』と日経平均VI

年月日	日経VI	ショック
2007年8月17日	47.32	サブプライム問題
2008年3月17日	49.67	ベアースターンズ破綻
2008年10月31日	**92.03**	リーマン・ショック
2010年5月21日	44.00	ギリシャ危機
2011年3月15日	**69.88**	東日本大震災
2011年8月9日	42.69	米国債格下げ
2013年5月23日	43.74	バーナンキショック
2015年8月25日	47.01	チャイナショック
2016年2月12日	49.84	原油安
2016年6月24日	40.71	ブレグジット
2018年8月17日	36.05	VIXショック
2018年12月25日	32.25	クリスマスショック
2020年3月16日	**60.67**	**コロナショック**

二〇〇八年のリーマン・ショックの時はさらなる〝暴利〟が続出した。二〇〇八年九月一五日に大手投資銀行リーマン・ブラザースが破綻してからわずか一ヵ月半の間に日経兵器株価は約四一％もの下落を記録するのだが、もっとも大きく動いたプットオプションは二〇〇八年一〇月限の権利行使価格九二五〇円で、なんと一二五〇倍に大化けしたのである。

こうしたチャンスはめったにあるわけではないが、過去を振り返ると、オプションが一〇〜一〇〇倍になるケースは一年に一度くらいのペースで出現している。これは考えようによっては、極めて大きなチャンスだ。

あまり投資に詳しくないという人は、「オプション取引」という何やら複雑そうな用語を聞いただけで身構えてしまうかもしれないが、理解して行くとオプション取引が実はとてもシンプルでわかりやすい投資方法だということに気付くだろう。損失を限定させた上で「大化け」を狙うことができるという、まさに優れモノだ。

それでも、この本のタイトルや中身をざっと見て、「胡散臭い」と思う人は多いかもしれない。しかし、まずは本書を最後まで読むことをお勧めする。最終的にオプション取引をやるかやらないかは別にして、金融の世界にはこういった投資方法があるのだということだけでも知ってもらえれば幸いだ。

ところで、私が尊敬する投資家の一人にスティーブ・アイズマン氏というリーマン・ショックの際に〝逆張り〟によって大きな利益を出した人物がいる。彼の面白い点は、ドイツ銀行のあるトレーダーからの間違い電話をきっかけに、「世界経済の破綻に賭ける」という投資アイデアに気付いたということだ。その投資アイデアの内容を最初から鵜呑みにはせず、自分で丹念に調査し、最終的にとんでもない投資方法ということに気付く。

このように、些細なきっかけが後の人生に多大な影響をおよぼすことは多分にある。率直に言って、私は本書が読者の皆さんにとってアイズマン氏の（幸運な）間違い電話になることを期待している。

もちろん一〇〇％うまい話などは存在しない。本書で私が推奨するオプション取引にも相応のリスクは当然ある。決して元本保証などではないし、オプションの買いは損失が限定されると言っても、時勢（相場の変動）をつかめないと延々と保険料（プレミアム）を払わされることになりかねない。

しかし私に言わせると、今の私たちは一〇〇年に一度とも言うべきチャンスに位置している。オプション取引にとってはまれに見る収益機会だ。大きなトレンドを読むことができれば、少ない元手で信じられないようなリターンを得ることも不可能ではない。

ここは冒頭の50セントの生き様を見習って、少し語気を強めて言おう――「素晴らしきオプション取引の世界にようこそ」。合言葉は「Get Rich or Die Tryin'」（リッチになるか、さもなければなろうとして死ね）だ。

第二章　ウソのような本当の話!!

――一〇〇万円を三週間で四億円にした男

一九九〇年二月の株式大暴落を予測した男

この世の中には、実に様々な投資手段がある。ある意味、「預金」も一種の投資だ。しかし、今や下手をするとマイナス、よくても雀の涙ほどしか金利が付かないので投資と呼べるかどうかは微妙なところだが。

しかしここに、損失を限定できて（つまり、最悪その掛け金がゼロになるだけで追い証が出たりマイナスにはならない）、しかも時に一瞬で数百倍～一〇〇〇倍にもなるおそるべき商品がある。それこそ、「日経平均オプション」だ。

そして不思議なことに、こんなにすごい投資手段があることに、ほとんどの日本人が気付いていないのだ。

では、その「オプション」とは一体どういうものなのか。いずれにせよ、その中身についていまだに読者の皆さんはチンプンカンプンの状態かもしれない。そこで、オプションの本当の姿を知ってもらうために、私のオプションとの出会いから物語を始めることにしよう。

それは、まさにドラマチックなものだった。

今から二七年も前のことである。一九九二年（平成四年）というと、どんな年だったか覚えておられるだろうか。実は、日本と私たちの運命を変えた「バブル崩壊」というのは、一九九〇年の株の大暴落から始まったのである。

つまり、日経平均は一九八九年年末の約四万円（正確には一二月二九日の終値ベースの最高値三万八九一五円）から一挙に下がり始め、暴落と戻しを交互に繰り返しながら徐々に上値を切り下げて行った。その間、小康状態という比較的穏やかな時期もあった。そして、一九九二年の春頃からまたすさまじい暴落（まさに雪崩のような）が始まったのである。

投資家は打ちのめされ、証券会社は悲鳴で溢れ、新聞や雑誌には「日本そのものが潰れる」「日経平均はこのままでは一万円を割り込む」そして「金融恐慌がやってくる⁉」という悲観論が溢れた。

コトの重大さに気付いた私は、いよいよ〝あの人〟に聞くしかないかなと思い始めた。その人物とは、株式評論家の浦宏である。もう大分前に亡くなっているので今では知る人もほとんどいなくなってしまったが、とんでもない爺さんだった。なにしろ、あの一九九〇年二月からの株の暴落を事前に予想し、雑誌にもはっきりと書いていたのだ。その雑誌とは、『週刊文春』のことである。一九九〇年の元旦号から始まった「浦宏の株式教室」（正確には覚えていないが、そのような名前だったと記憶している）で、「株は年明け早々から前代未聞の大暴落トレンドに入る!!」と予言していたのだ。

あとでそのことを知った私は、驚愕すると同時に元旦号の〆切り日を『週刊文春』の編集部員から聞き出した。すると、一二月の二四日のクリスマス・イブであるということがわかった。日本の株は、まだ最後の棒上げ状態にあった時のことである。日経平均が天井を打つのは、その数日後の一九八九年一二月二九日のことだった。

その日は、奇しくもその年の最後の場立ちの大納会の日であった。ということは、浦宏は暴落の直前（しかも、まだ株が上がっている最中）に正確に予測を当てていたことになる。

私は、なんとしてもこの相場師に会いたいと思った。好都合なことにこの当時（一九九一年頃）、私はある人物と組んでバブル崩壊の取材をしていた。その人物とは日本の大手ＴＶ局ＴＢＳの有名なプロデューサーで、今でも日曜日の朝にやっている『関口宏のサンデーモーニング』なども手がけ、ＴＢＳ内でもかなりの力を持っていた。当時このＪ氏は、信用取引で大損しており、その損を取り返そうと躍起になっていた。そこで、たまたまバブル崩壊後のトレンドを書いた私の著作を読んで、私に接触してきたのだ。

そこで二人で話し合って、今後のトレンド予測の参考になりそうな人物を多数選び出し、その中から本当にこの人は役に立つという人物にだけ白羽の矢を立てて会いに行った。その中での最重要人物が、この浦宏だった。

しかし、浦宏は会ってみるとなかなか気難しい人で、しかも容貌はまさに妖怪そのものだった。映画『スターウォーズ』の第二作目に出てくる巨大ナメクジのような「ジャバ・ザ・ハット」という化け物がいるが、ウリ二つというく

チャート（月足）〈1987〜92年〉

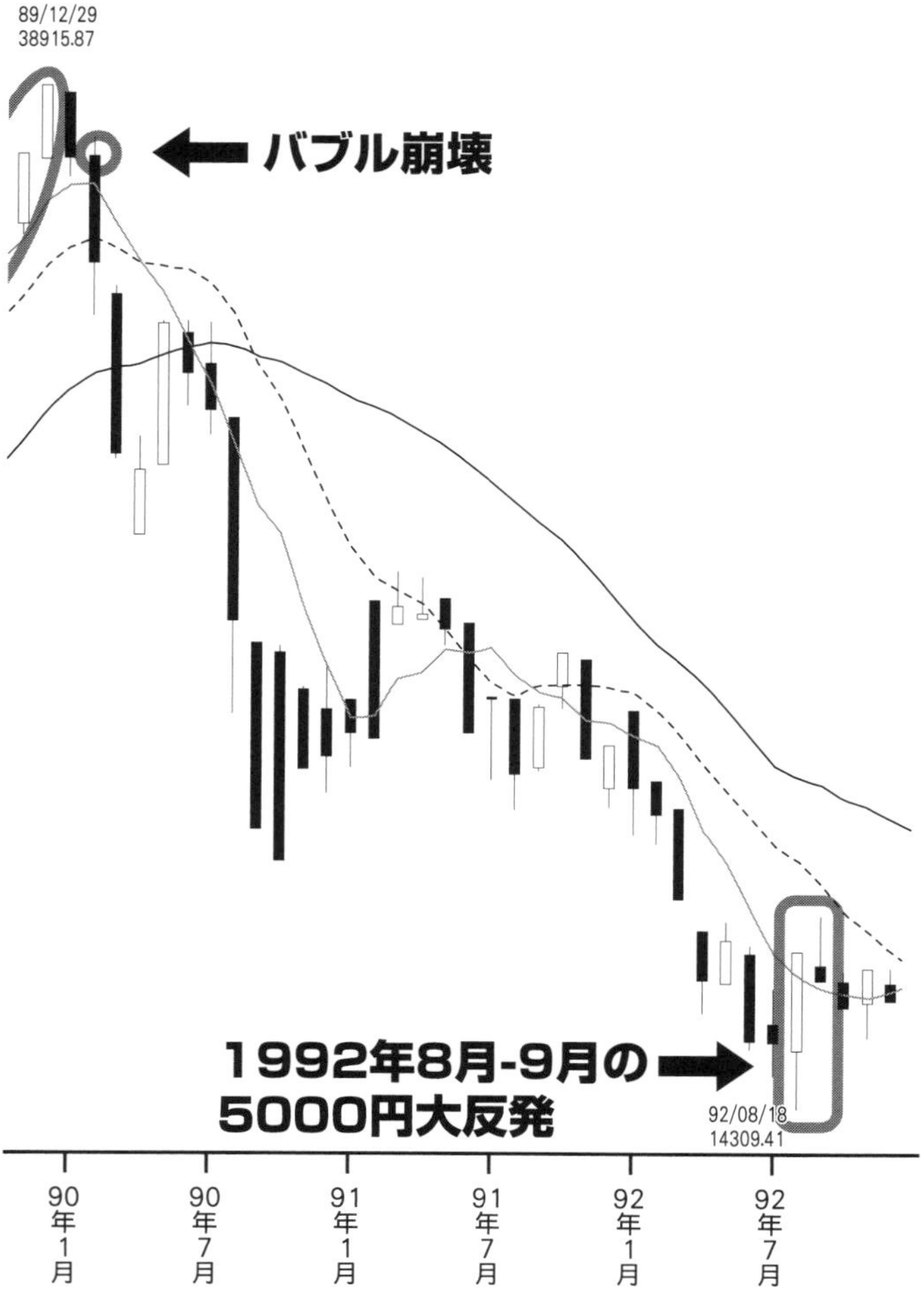

日経平均

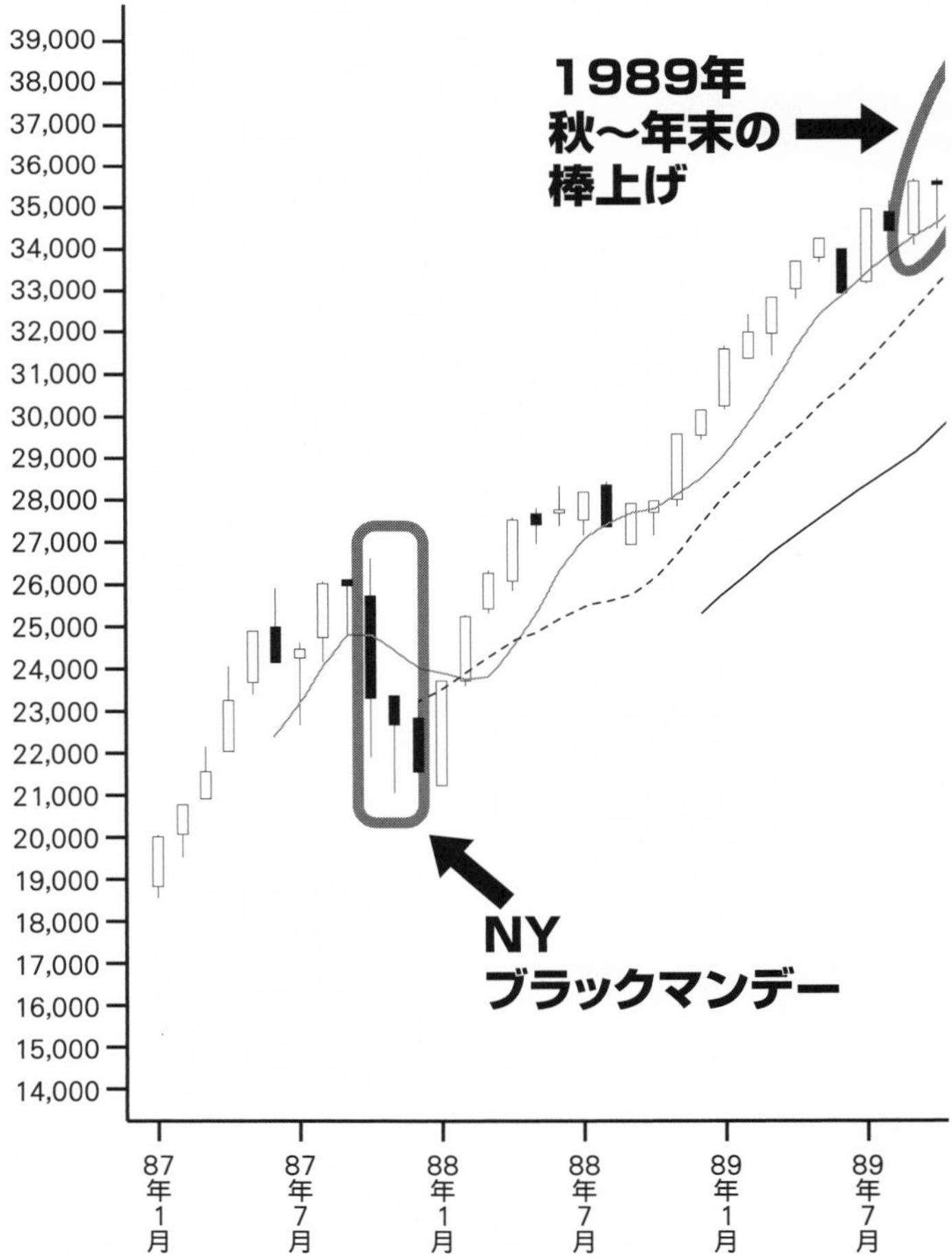
1989年
秋～年末の
棒上げ
NY
ブラックマンデー
39,000
38,000
37,000
36,000
35,000
34,000
33,000
32,000
31,000
30,000
29,000
28,000
27,000
26,000
25,000
24,000
23,000
22,000
21,000
20,000
19,000
18,000
17,000
16,000
15,000
14,000
87年1月
87年7月
88年1月
88年7月
89年1月
89年7月

らいよく似ていた。体も巨大で、まさに「相場界の化け物」と言ってよかった。

だが、相場だけはよく当てた。実際、九〇年二月からのあの株大暴落も直前に公表して見事当てていたのは彼だけだった。宮崎県出身のこの大物相場師は、強い酒がなによりの好物だった。しかも大のわがままで、『ルイ13世』が飲みたいと子供のように私にねだるのだ。

『ルイ13世』はブランデーの最高級品の一つで、当時はデパートくらいでしか売っておらず、一本一八万円くらいした。今は格安店も多くあるのでもっと安く買えるかもしれないが、当時はどこも定価だった。毎日新聞の写真部勤務で安月給だった当時の私には、まさに目が飛び出るほどの高級品だった。貯金を取り崩しては、何本先生の自宅へ持って行ったことか。ましてやその値段などは、女房には内緒だった。

そして、いよいよその九二年がやってきた。「もうこれは、浦宏に聞くしかありませんね」とJ氏と相談してご自宅へ押しかけることにした。確かそれは、七月末の暑い日だったと覚えている。セミの声が激しかったのが今でも耳の奥に残っている。例の『ルイ13世』を大事に抱えながら、私たちは先生宅のドアを叩いた。クーラーのよくきいた応接間で浦宏は私たちを待っていた。「先生、大変なことになってきましたね。雑誌の中には日本自体が潰れるとさえ書いているところがありますが。今後本当にどうなるのでしょうか」。

「うーん……」。浦宏はブランデーを舐めながら、私たちの質問には答えずに目をつぶったまま何かを考えている様子だった。私たちも必死だった。「このまま本当に株は一万円を割ってしまうのでしょうか」。食い下がる二人の姿などここにもないように、妖怪氏はずーっと目をつぶったままだった。

そして五分くらい経ったろうか、突然かっと目を見開いたかと思うと、とんでもないことを言い始めた。「日経平均はお盆明けから大反発する!!」。私たちは思わずのけぞった。そんなことは他の誰も言っていなかったからだ。日経新聞も日経金融新聞も「底なしの下落」というような表現を使っていた。私たちは言葉にこそ出さなかったが、「そんな馬鹿な!!」と心の中で叫んでいた。

白昼にお化けを見たような心境で、挨拶もそこそこに呆然とした面持ちで先生のご自宅を辞去した。帰りのＴＢＳのハイヤーの中は大騒ぎだった。Ｊ氏と私は「信じられないですよねー」、「本当かなー」、「もしそんなこと起きたらそれこそ日本中が大騒ぎになりますよねー」。興奮冷めやらぬ状況で、赤坂のスシ屋に着くまで車中には声がこだましていた。

スシ屋で冷酒と生ビールでのども潤ってくると、少し冷静になった脳で考えてみることにした。「ここまで下がれば、確かに何かキッカケさえあれば大きく反発しても不思議ではないな」、「しかし、そのキッカケとは何だろう」……。

それから三日間ほど、私は東京・竹橋の毎日新聞東京本社で仕事をしながら暇を見つけては調査部に潜り込んで、大恐慌時のニューヨークダウのチャートやら一九九〇年以来の日経平均のチャートやらを引っ張り出してきては、「ウーン」とうなりながら頭を抱えながら独り言を言っていた。調査部員たちは、「どうしたんだろう」と不思議に思ったことだろう。

そして三日目に、いよいよある結論に達した。「やはり浦先生の言う通り、もう間もなく日経平均は大反発するだろう」と。

私に「オプション」を教えた相場師

そこで私がとった行動は、かねてから注目していた仕手系銘柄三つを、大底付近で買うことだった。つまりは、「現物株投資」だった。そして、いよいよ夏休みが終わって、お盆明けのタイミングがやってきた。

なんと、日経平均は浦宏の予言通り、八月一八日頃から見事大反発したのだ。一万四三〇〇円を底に、わずか三週間で五〇〇〇円上昇という歴史的大相場となった。率にして三五％という、大変な上がりようだった。新聞、雑誌はまたしても大騒ぎとなった。しかし、この大反発には実は裏があったのだ。そのことについてはあとでお話ししよう。

ところで、私の現物株投資はどうなったのか。当時毎日新聞に勤めていて安月給だった私には大して余裕もなく、三〇〇万円を投資して三〇％株価が上昇したため、〝九〇万円の利益〟が出た程度だった。しかし、サラリーマンだった私にとっては大きな成果だった。

そこで私は、もう一人の大物相場師X氏のところへ自慢話をかねて報告に行った。X氏は当時五〇過ぎ。「オレの名前は絶対出すな」という人物で、ここでも実名は伏せてX氏ということにしておく。なかなかすご腕の相場師で、どうやって当てるのかは謎だったが相場の天井と底をピタリと当てるのだ。

そうした天才に応々にしてありがちだが、やはりかなり変わった人で気難しいところがあった。それにとんでもない酒乱で、夕方にでもご自宅へ伺おうものなら、奥の方から「オーッ、浅井がきたか。早くあがって一杯やれっ‼」とどなり声が聞こえてくる。東京板橋区の大和町という下町に住んでいたが、家もボロ家だった。X氏の後ろに書棚があったが、大変不思議なことにチャートブックや株の専門書などという類いの本は一切なかった。あるのは、哲学書や旧約聖書、論語、古事記、歴史書などであった。そのことを問いただすと、「こういう物を読まないと、相場も当てられないんだよ」という返事が返ってきた。

なにしろ、奇人だった。しかも先ほど言った通りの酒乱で、あるレベルを越すと手が付けられなくなる。奥さんが「あなた、そろそろにしたら」というのだが、まったく言うことをきかない。ある時など、私の答え方が気に食わなかったのか、X氏は飲みかけのぐい呑みを私目がけて投げ付けてきた。私は、とっさに上体を傾けて酒が入ったままの盃をかわしたが、すぐ後ろで粉々に砕け散った。相場師というよりも、映画に出てくるヤクザの親分のような人だった。

一九九二年の九月中旬、あの大反発が終わって相場がひと段落した頃に、私は板橋区のX氏のボロ家に伺った。やはり、いつものようにすでに酒が入っていたが、どういうわけかその日は上機嫌だった。そこで、例の話を持ち出した。もちろん、浦宏のことは一切言わなかった。

「いやー、実は、あの八月お盆明けからの大反発にうまく乗りまして、現物株で三割の儲けを出すことができました」、「大したもんじゃないか」。ところが、その後のX氏の表情は意味深長なものだった。盃を手に、私の目をのぞき込むようにしながらニタニタと薄ら笑いを浮かべている。

（5000円大反発）

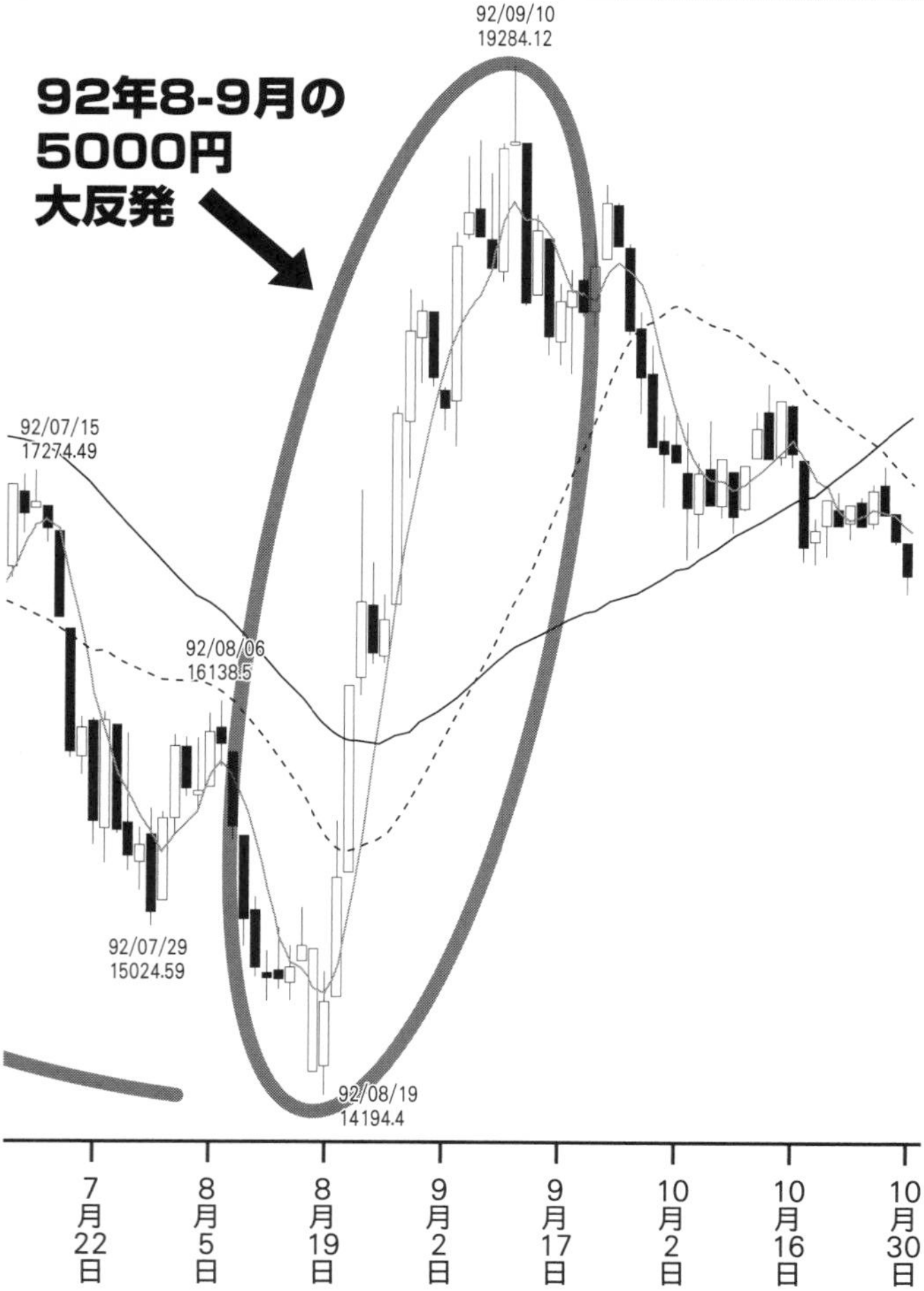

92/09/10
19284.12
92年8-9月の
5000円
大反発
92/07/15
17274.49
92/08/06
16138.5
92/07/29
15024.59
92/08/19
14194.4
7月22日
8月5日
8月19日
9月2日
9月17日
10月2日
10月16日
10月30日

1992年4月～10月の相場

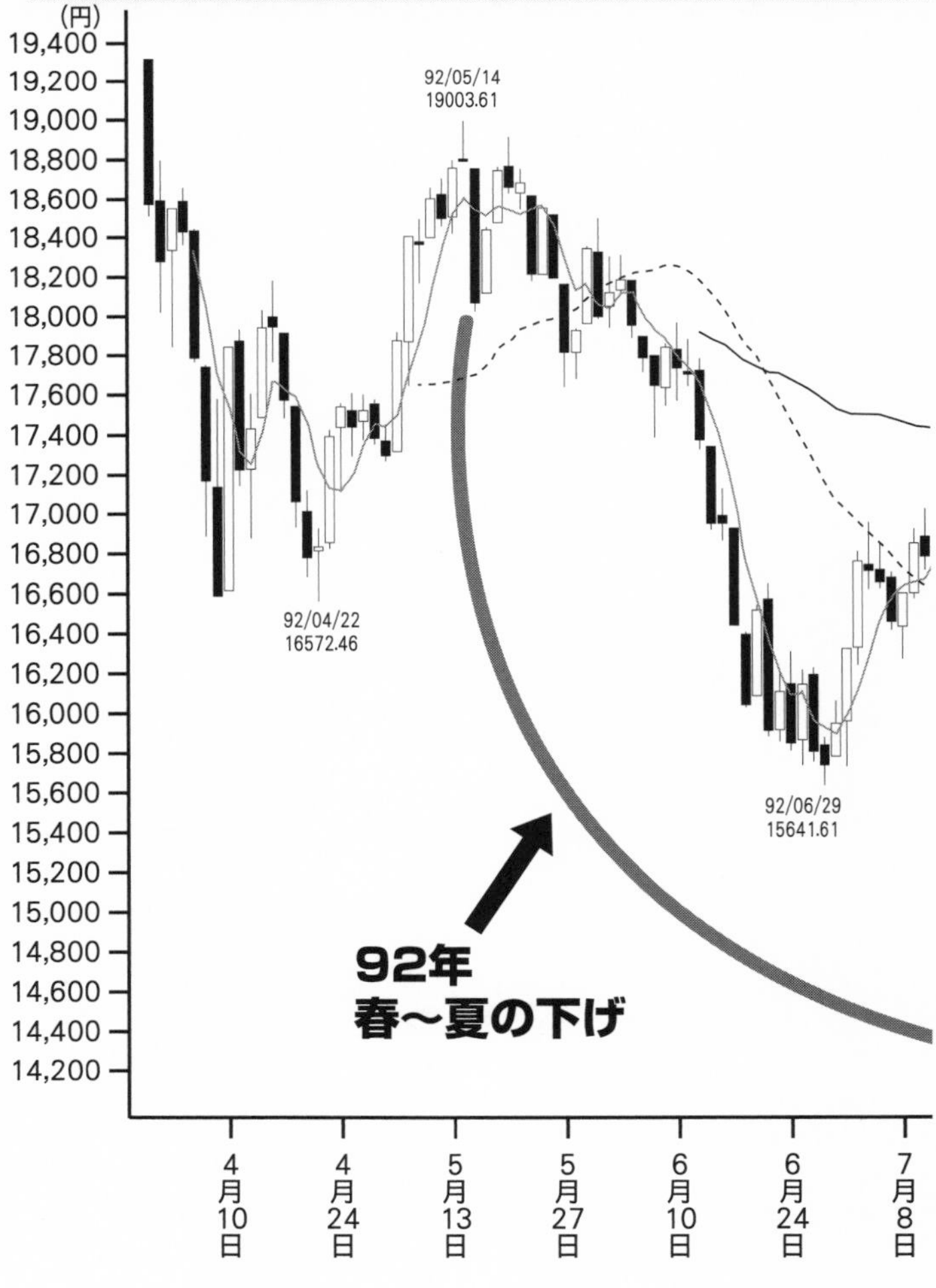

「Xさん、何かおかしいですか。私の顔に何かついていますか」、「アハハハハッ。いやー、オメェーも〝残念な投資家〟だなーと思ってよ」、「えっ、どうしてですか。もちろん額としては大したことないかもしれませんが、三週間で三割も儲けたんですよ」、「バカヤロー、オメェーは〝オプション〟てやつを知らないだろう。あの三週間で一〇〇万円を四億にしたやつがいるんだよ‼」。

私はのけぞった。まず、その数字が間違いだと思った。「先生、四〇〇万円の間違いでしょ⁉」、「イヤ、本当に四億円だ。日経平均オプションで本当に四〇〇倍になったんだよ。どうもその男は、ある特殊な情報源を持っていたらしいがネ」。私は最初、その話をガセネタ、つまりウソだと思った。いくらなんでも元手が一〇〇万円で、その後、日経平均が三五％上がったからといって四〇〇倍になるはずがない。

私は確かに、「日経平均オプション」の存在と名前はすでに聞くだけは聞いて知ってはいた。一九九〇年からの日本市場の大暴落で米系証券のソロモン・ブラザーズがその下げの仕掛けを作って大儲けしているというのは、私が集英社の『月刊プレイボーイ』のすご腕編集者・中村信一郎と組んで世に発表した大特ダネで、九〇年に『月刊プレイボーイ』と『文藝春秋』に掲載していた。

その中に、ソロモン・ブラザーズが先物（特に先物と現物とのサヤをとる裁定取引）とオプションの取引で莫大な利益を出しているという項目があったので、オプションというものが存在するということは知っていた。しかし、それが本当にどういう代物で、どうやって取引するのかということはまったく知らなかった。

実は、日経平均に関わる商品には三つのものがある。第一が「現物」で、これは日経新聞が選んだ日本を代表する二二五銘柄の平均値だ。それに対して「先物」がある。これは現実には存在しないもので人工的に作ったデリバティブ（金融派生商品）と呼ばれるもので、東京ではなく大阪証券取引所（現在の大阪取引所）に上場されている。

そして、先物のさらに先に「オプション」という、日本人にはなじみの薄いデリバティブ（金融派生商品）が存在する。オプションは先物同様、大阪証券取引所（現在の大阪取引所）に上場されている。このオプションは、現物を「火縄銃」、先物を「機関銃」とすれば、現代の精密誘導兵器である「ミサイル」に匹敵するもので、時と場合によってはすさまじい威力を発揮する。

そこで、先ほどの三週間で四〇〇倍の話に戻ることにしよう。実は、日経平均のオプションの一九九二年九月限（九月の第二金曜日が清算日）「コール」（オプションの日経平均が上がれば儲かる方の商品）の一万七〇〇〇円は、八月一七日〜一八日頃最低価格の五円かゼロ（価格がゼロになることは別の言い方で〝溶《と》ける〟という）になっていた。したがって、五円で買うことができたのである。

株と違ってオプションは、一枚、二枚という言い方をするので、オプションをその時点で一枚買おうとすると、一枚×五円×一〇〇〇倍となって五〇〇〇円となる。手数料は考えないとすると、一〇〇万円分買う場合は五〇〇〇円×二〇〇枚となるわけで、その頃の取引高から見て簡単に買える数量である。

そして、日経平均自体は八月一八日を境に大反発し三週間で五〇〇〇円も上昇したわけだから、一万四三〇〇円→一万九三〇〇円くらいまで行ったことになる。コールの一万七〇〇〇円から見て一万九三〇〇円は二三〇〇円も上であり、コールの価格も二〇〇〇円くらいかそれ以上になったのは間違いない。

というわけで、一九九二年の九月限コール一万七〇〇〇円は、五円が二〇〇〇円になったのである。つまり、倍率にして四〇〇倍である。ということは、八月一七日か一八日にそのコールを一〇〇万円分買った男は、本当に四億円を手に入れたのである。

Ｘ氏はその後、何回目かの自宅訪問の時にこの件についてのオフレコ情報を私にささやいた。「このことは絶対に他人に言うなよ」――それから二七年も経っているのでもう書いてもよいだろう。その四億円の男とは、ある政治家の秘書だというのだ。しかし、個別株だとインサイダー取引という恐ろしい話がついてまわるが、日経平均自体は株価操作が不可能なため、オプションでいかに儲けようが当局からインサイダー取引で疑いをかけられたり逮捕されることも一切ない。それが政治家だろうが政治家の秘書だろうが、一切関係ないのだ。

この話には後日談がある。例の一九九二年八〜九月にかけての五〇〇〇円上昇という普通はあり得ない株価大変動の裏には、とんでもない仕掛けがあったのだ。実は、株価の下落を憂慮していた政府中枢は、ついに歴史的決断をした。のちに新聞をにぎわすことになる「ＰＫＯ」だ。自衛隊が海外で行なうＰＫＯは平和維持活動（ピース・キーピング・オペレーション）だが、この株価におけるＰＫＯは株価維持作戦のことで、英語では「プライス・キーピング・オペレーション」となる。つまり、郵貯や簡保のお金を株に大量投入して日経平均を買い支え、恐慌を防ごうという政府主導の前代未聞の大作戦だ。

それをその年の夏のある日、富士山の麓の河口湖の別荘で当時の竹下元首相と野村証券トップの大田渕こと田淵節也が密談をし、その大作戦を決めたという。前出のある政治家の秘書は、その情報を知ってオプション取引をやったと推測できる。その政治家秘書氏の巧妙というか賢明な点は、個別銘柄と違いオプションにはインサイダー取引の疑いを持たれないことを知っていたことだ。

この日経平均オプションは、バブル崩壊の一九九〇年から見て二年ほど前に

オプションにはコールとプットがある

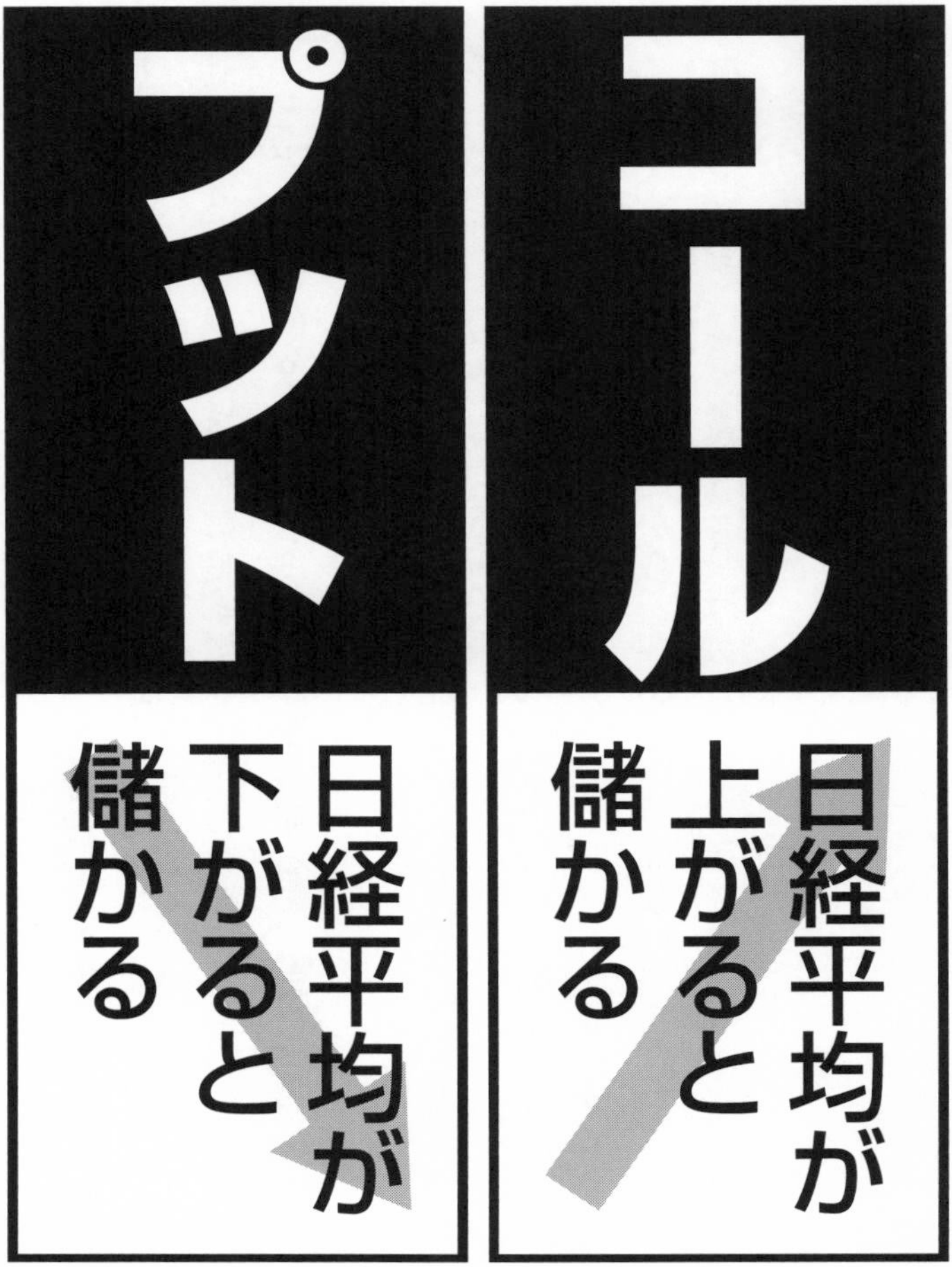
コール
日経平均が
上がると
儲かる
プット
日経平均が
下がると
儲かる

日本市場にアメリカの圧力の下に導入されたもので、そのオプションと先物を使ってソロモンは四兆円も稼いだわけだから、ある意味で米系証券会社ソロモン・ブラザーズと米政府当局とは、どこかでつるんでいたのかもしれない。

いずれにせよ、オプションはすでに日本に三〇年も存在するというのに、日本人のほとんどがその存在もそのすさまじい性能も知らず、ましてや証券マンですらその中身を知っている人はほとんどいない。

ちなみに、先ほどの三週間で一〇〇万円を四億円にした男の話だが、当時はオプションの最低価格は五円だった。今はその後制度が変わり、一円となっている。そのため今、九二年八月と同じ大反発が起これば一円で買えていたはずで、それが二〇〇〇円になるわけだから、四〇〇倍ではなく二〇〇〇倍となるわけだ。今なら投資した一〇〇万円は、わずか三週間で二〇〇〇倍の二〇億円になっているはずだ。

1992年の日経平均大反発とコールの動き

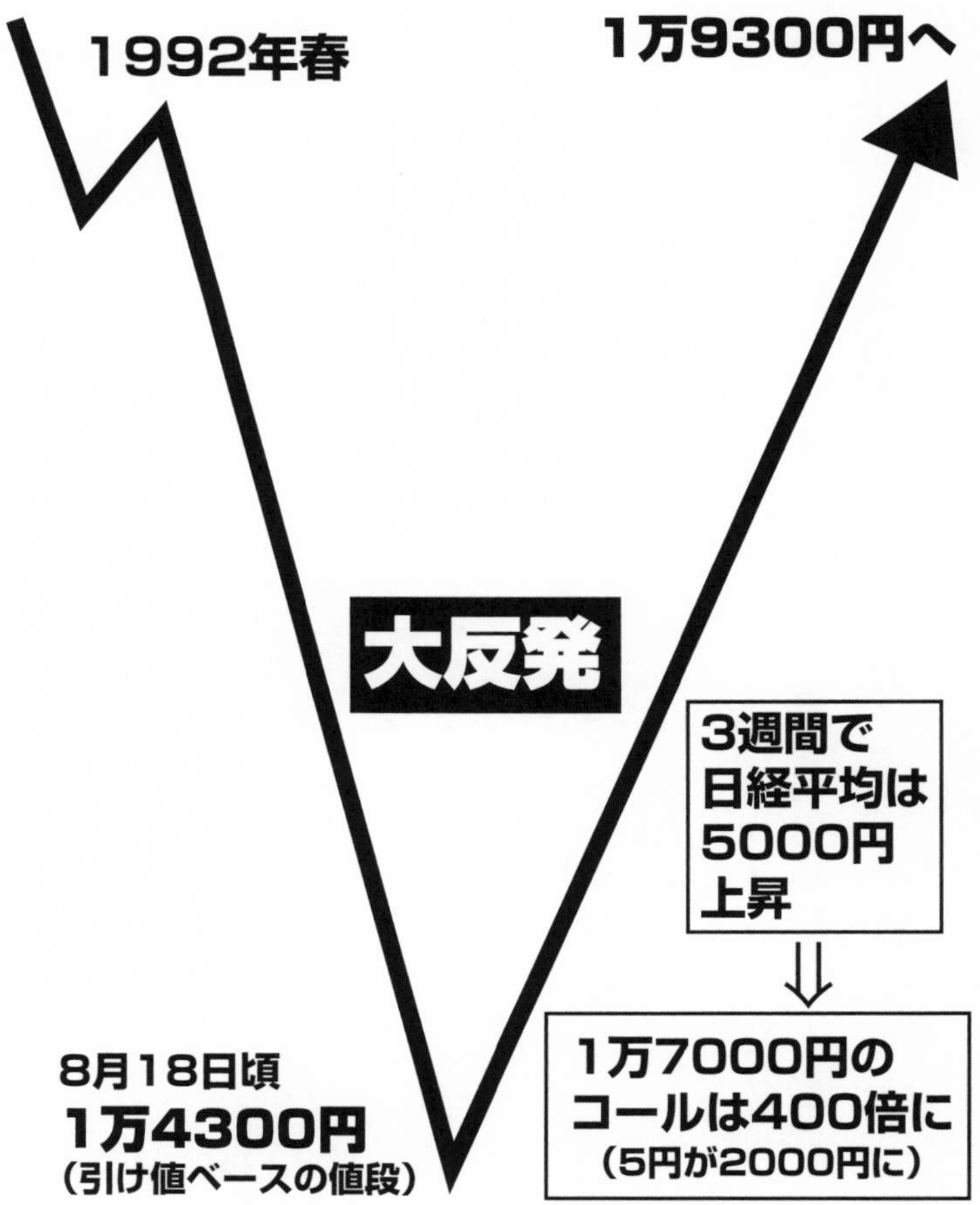

あなたもオプションで大富豪になれる！

私はそれ以来二七年間というもの、このオプションの研究を続けてきたわけだが、川上明氏という天才チャーチスト（チャートの専門家）と出会ってまた運命が変わった。彼は、カギ足という江戸時代から伝わる特殊なチャートを自在に操る相場の専門家で、私と彼の両方のノウハウと知識とカンが合体することですさまじい威力を発揮することがわかった。

そこで、今までにない特別な投資クラブである「オプション研究会」を発足した。ご興味のある方は巻末二二二ページをじっくりご覧いただきたい。

オプション取引は、夢のある取引だ。リスクを限定しつつ、数年に一度という大チャンスをものにできれば、元手を一挙に数百倍に殖やすことができる。オプションはサラリーマンやＯＬが唯一資産家になれるノウハウであり、また小金持ちが大富豪へと飛躍できる夢の手段でもある。オプションを一生かけて研究し、最大限に活用し自分の手足とすることができれば、あなたの老後はまさに光輝くものとなるはずだ。オプションこそ、夢を実現するための〝伝家の宝刀〟なのである。

さてそこで、一七六～一七七ページの図を見てほしい。すると、大雑把に言って三年に一度の割合でオプションで元本を三〇〇倍にできるチャンスがやってきている。中には一〇〇〇倍を超える例まである。ということは、オプションを習熟すればあなた自身が「一〇〇万円を一ヵ月で一〇億にした男（あるいは女）」になることも可能なのだ。

ぜひ、大きな志を立て、夢の実現へ向かってまい進していただきたい。

第三章　あなたが大金持ちになれない本当の理由

坂本龍馬は最先端の武器で長州藩に勝利をもたらした

この本を出している出版社の名前は「第二海援隊」。私が一九九六年に設立した会社だ。名前の由来は言うまでもない。幕末に坂本龍馬が設立した組織、「海援隊」である。

海援隊は、幕末に龍馬が中心となって結成した海軍と貿易会社を兼ねたような組織である。その最大の功績は、薩長同盟締結に大きく貢献したことであろう。今でこそ「薩長」と一くくりに言われるが、文久三年（一八六三年）八月一八日、薩摩藩と会津藩が手を組んで長州藩を京都から追放した「八月一八日の政変」以降、薩摩と長州は犬猿の仲にあった。その仲を取り持ったのが、海援隊（より正確に言えば海援隊の前身組織である「亀山社中」）だったのである。

当時、長州藩は倒幕勢力の急先鋒。幕府は外国商人に対して長州との武器弾薬類の取り引きを全面的に禁止しており、長州藩は近代的兵器をなかなか手に入れられなかった。一方、薩摩藩は兵糧米の調達に苦慮していた。そこに登場するのが、龍馬である。龍馬は薩摩藩名義で武器を調達して密かに長州に転売し、その代わりに長州から薩摩へ不足していた米を回送する策を提案した。取り引きの実行と貨物の搬送は亀山社中が担当する。この案によって両藩が抱える問題は共に解決することになるため、両藩ともこれに首肯。契約は成立した。

これが亀山社中の初仕事になり、慶応元年（一八六五年）八月、長崎のグラバー商会からミニエー銃四三〇〇挺、ゲベール銃三〇〇〇挺を薩摩藩名義で買い付け、長州藩に引き渡した。さらに亀山社中の働きにより、長州藩は薩摩藩名義でイギリス製蒸気軍艦ユニオン号の購入にまで成功する。そして、同船の運航は亀山社中に委ねられることになったのである。

この〝最新式武器〟の力は大きかった。慶応二年（一八六六年）六月、第二次長州征伐、幕長戦争の火蓋が切られる。幕府諸藩連合軍は長州を取り囲み、四方向（芸州口・石州口・大島口・小倉口）から攻撃を加える。芸州口が岩国、石州口は島根県、大島口が山口県大島、小倉口が門司。兵力は幕府連合軍一〇万に対し、長州軍はわずか五〇〇〇。二〇分の一である。

しかし、この戦いで長州藩は大勝する。それに大きく寄与したのが、最新兵器である「ミニエー銃」や「ユニオン号」であった。

まず、ミニエー銃である。ミニエー銃は一八四九年にフランス陸軍のクロード・エティエンヌ・ミニエー大尉によって開発されて間もない、当時最新鋭の銃であった。ライフルである。ライフルとは、銃身内に螺旋《らせん》状の溝を施した銃のことだ。この螺旋状の浅い溝により、銃身内で加速される弾丸は旋回運動をして発出されることになる。弾丸は現代に通ずる椎《しい》の実型。ミニエー銃は、従来の銃と比べて命中率も飛距離も格段にアップした武器であった。

一方の幕府側の銃の主力は、ドイツのゲベール銃。西洋ではすでに時代遅れとされていた。彦根藩などはもっとひどく、火縄銃を使っていたという。弾丸は丸い球で、発火装置は「フリント・ロック」と言われる火打石式。弾は遠くまで飛ばず、命中率もひどく悪かったようだ。照準さえ付いていなかったという。これでは勝負になるはずがない。

次は、軍艦ユニオン号だ。六月一六日、下関に寄港したユニオン号は長州藩の求めにより下関海戦に参戦することになり、翌六月一七日、小倉藩への渡海作戦を決行する。それを指揮したのは、誰あろう坂本龍馬である（なお、この時の長州藩の海軍総督は高杉晋作である。なんと豪華な布陣であろう）。

高杉晋作・坂本龍馬の長州海軍は、幕府側を圧倒する。その最大の要因は、やはり武器の差であった。ユニオン号は、一八五四年にイギリスで建造された、やはり当時最先端の軍艦である。対する幕府側・小倉藩の大砲は旧式で、射程距離に圧倒的差があった。ユニオン号は小倉藩の大砲の射程外から一方的に攻撃を仕掛け、小倉藩に壊滅的打撃を与えたのだ。

戦争の帰趨《きすう》を決めるのは、やはり武器なのである。先の大戦にしても、日本の敗北を決定付けたのはあの忌まわしい原爆だ。あれも、当時の最新鋭兵器だ。だから戦争に勝つためには、最新鋭兵器を手に入れなければならない。

しかし、それは簡単ではない。もちろん技術の問題もあるが「先立つもの」、つまりお金の問題が大きい。現代においても二〇二〇年六月、「イージス・アショア」が事実上導入撤回となったが、その理由はシステム改修に一〇年で二〇〇〇億円もかかるからというものだった。

では、龍馬の斡旋で長州藩が買った銃や軍艦はいくらぐらいしたのだろうか？　まず、計七三〇〇挺のミニエー銃とゲベール銃であるが、これは九万二四〇〇両。ユニオン号は五万両。合わせて一四万二四〇〇両だ。これを現在価値に直すと、どれくらいになるのか？

龍馬を生んだのは土佐の高知。日銀の高知支店のホームページは、なかなか面白い。「江戸時代の金一両は今のお金のいくらくらいに相当するの？」なんて解説がある。詳細は省くが、幕末の金一両は現在の一八〜二二万円になるとのことだ。間を取って、二〇万円で換算してみよう。すると、一四万二四〇〇両の現在価値は二八四億八〇〇〇万円（！）となる。

今の山口県一県にしか相当しない藩が一度にこれほどの額を投じたのである。驚かざるを得ないが、逆に言えばこれで思い切ってお金を投じていなければ、長州藩は負けていた。幕末史は、確実に変わっていた。戦争に勝つためには、時に巨額のお金を投じなければならないのである。

現代投資にも活きる勝つための四つの教訓

ここまで、長々と龍馬と第二次長州征伐の話を書いてきたが、それはなぜかというと、ここでの長州藩勝利の教訓は現代においても有効だからだ。もちろん、軍事においてもだろうが、投資においてもだ。

投資は戦争だ。戦争に勝つには、最先端の武器がなければならない。「最先端の武器を使え」——これが第一の教訓だ。では、投資における最先端の武器とは何か？　それこそ、本書で詳しく解説する「オプション」だ。

龍馬には、有名な逸話がある。龍馬は短い刀を差していた。それをある友だちに問われてこう答えた。「実戦では短い刀の方が取り回しがよいぜよ」。納得した友だちは自分も短い刀を差すようにしたが、次に再会した時、龍馬は懐から拳銃を出し、「銃の前には刀など役に立たんぜよ」と言った。納得した友だちはさっそく拳銃を買い、次に会った時その拳銃を見せた。ところが龍馬は、『万国公法（国際法）』を取り出し、「これからは世界を知らなければならん時代ぜよ」と言ったという。この話はもちろん後世の創作だが、私がさらに創作を付け加えれば、「今、投資の世界の最高の武器はオプションぜよ」――時代の最先端を生きた龍馬なら、きっとこう言うであろう。

教訓の二つ目は、「大事なところにお金をかけろ」ということだ。先に見たように、長州藩は第二次長州征伐を仕掛けられた時、この「ここぞ！」という時に、トンデモナイ額を投じて武器を購入した。もしここでケチっていたら、先にも述べたように負けていたのは間違いない。なにしろ、兵力は二〇分の一だったのだから。投資においても、「ここぞ」という時にお金をかけなくては勝利はない。

三つ目は、「専門家を活用せよ」ということだ。龍馬は、当時最高レベルの武器商人であり、海軍軍人だった。長州藩はその龍馬を活用することで、最先端の銃を手に入れることもできたし、軍艦を操れる龍馬付きで最先端の軍艦も手

現代投資にも活きる勝つための4つの教訓

1.
最先端の武器を使え

2.
大事なところにお金をかけろ

3.
専門家を活用せよ

4.
本当のリスクを理解せよ

に入れることができた。こんなことを自前でやろうとしても無理だ。無理なものは無理、わからないものはわからないものだ。だから、自分の手に負えない時にはわかる人・専門家を活用することだ。素人の生兵法は大けがの元である。

教訓の四つ目は、「本当のリスクを理解せよ」だ。武器にもいろいろある。武器の取り扱い方を誤れば、それこそ命に関わる。現代の投資の世界においても、後述するように命に関わるようなリスクを負ってしまう投資法もある。しかし、オプション取引はリスクを限定できるのだ。現代には様々な投資法があるが、そのリスクをしっかり押さえることが重要だ。

「FX取引」は最大二五倍ものレバレッジ、為替が二円動けば吹っ飛ぶ

さて、ここからは様々な投資法とそのリスクについて説明して行こう。

読者の皆さんの中には、「住宅ローン」とか「自動車ローン」といった借金は経験があっても、「レバレッジ」をかけた取引というのは経験がない方が多いの

ではないだろうか。レバレッジとは、「てこの作用」という意味だ。てこを使えば、少しの力で重い物を持ち上げることができる。それと同じように、少しのお金しかなくても大きな金額の取引ができる。そういう投資のやり方を「レバレッジをかける」という。「ＦＸ取引」を例に簡単に説明しておこう。

ＦＸ取引というのは、米ドルとか円といった為替の取引のことをいう。たとえば、一米ドル＝一〇〇円の時に一〇〇万円分の米ドルを買ったとする。一〇〇万円分の米ドルは一万米ドルだ。ところが、その後円高が進んで一米ドル＝九〇円になってしまったとする。これ以上円高が進むのが怖いので、そこで米ドルを売って円に戻す。すると、一万米ドルは九〇万円になってしまう。一〇万円の損失だ。これが逆に、一米ドル＝一一〇円になった時に米ドルを売ったとすれば、一一〇万円になって一〇万円の利益となる。

いずれにしても、ドル／円が一〇円も動いたにも関わらず、損益は一〇万円にしかならない。しかし、ＦＸ取引は「レバレッジをかける」ことができる。たとえば先の例で、一〇倍のレバレッジをかけたとしよう（ちなみに日本では、

ＦＸ取引で二五倍までレバレッジをかけることができる）。すると一〇〇〇万円で一〇〇〇万円分、すなわち一〇万ドルの米ドルを買うことができる。

「何でそんなことができるのか？」といぶかしく思われた人もいるかもしれないが、一〇〇万円を担保にして九〇〇万円を借り入れたとお考えいただけばよいだろう。この時、先ほどと同じような為替の動きがあったとしよう。一米ドル＝九〇円になってしまった。すると買った一〇万米ドルの日本円での価値は九〇〇万円に下がる。一〇〇〇万円が九〇〇万円に。一〇倍のレバレッジをかけた分、損失も一〇倍になって一〇〇万円だ。これがレバレッジ取引の怖いところで、もちろん逆に一米ドル＝一一〇円の円安になれば利益も一〇倍の一〇〇万円になるのだが、レバレッジを高くすればするほど、儲けも損失も大きくなる。言わば、博打的になって行くわけだ。

さて、円高で一〇〇万円の評価損が出てしまったケースに戻ろう。ＦＸ会社としては、一〇〇万円を担保にしていて一〇〇万円の損失が出てしまっている状態であるため、これ以上損失が出たらＦＸ会社自身の損失になってしまう。

それは避けなければならない。そこで、ＦＸ会社側はこの段階で強制的に取引を停止してしまう。これが「強制ロスカット」と言われるものだ。

これで、レバレッジと強制ロスカットのイメージは湧いたことであろうが、実際にはもっと複雑で、「証拠金維持率」というのが関わってくる（ここからは、イメージさえわかればよいという方は、斜め読みしてもらって構わない）。「証拠金」とは、要は担保だ。相応の担保を入れておかなければ借り入れはできない、ということだ。証拠金維持率は下記の式で計算する。

有効証拠金÷必要証拠金×一〇〇＝証拠金維持率

「必要証拠金」とは、文字通りその取引をするのに必要となる証拠金だ。「有効証拠金」とは、「必要証拠金」プラス「含み損益」。損益を加味した上での純資産ととらえていただくとよいかもしれない。強制ロスカットになる場合は、当然「含み損」が出ている時だから、その場合の「有効証拠金」は「必要証拠金」マイナス「含み損」だ。

まず、ＦＸの口座に一五〇〇万円入金した。ここからスタートしよう。そして、先ほどと同じように一米ドル＝一〇〇円の時に一〇倍のレバレッジで一〇万米ドルを買う。必要証拠金も先ほどと同じように一〇〇万円だ。

ではこの時、有効証拠金はいくらになるかというと、まだ損益は出ていないから入金した一五〇万円がまるまる有効証拠金になる。この時の証拠金維持率は、下記の計算で一五〇％となる。

有効証拠金　　　必要証拠金　　　証拠金維持率
一五〇万円　÷　一〇〇万円　×　一〇〇＝一五〇％

ところが、円高が進んで九〇円になってしまった。評価損は先の例と同じで一〇〇万円だから、それを差し引くと有効証拠金は五〇万円。この時、証拠金維持率は五〇％になる。計算式はこうだ。

有効証拠金　　　必要証拠金　　　証拠金維持率
五〇万円　÷　一〇〇万円　×　一〇〇＝五〇％

この証拠金維持率五〇％が重要なラインで、五〇％を切ると強制ロスカットが執行される。そうすると、このポジションを取るための必要証拠金一〇〇万円は吹き飛ぶが、まだ五〇万円の余裕分は残る。もし、この余裕分がなかったら損失が五〇万円になった段階（一米ドル＝九五円）で証拠金維持率は五〇％になってしまうから、激しい為替変動に見舞われた時などはあっという間に強制ロスカットされてしまうことになる。

さて、今までレバレッジ一〇倍で説明してきたが、最大の二五倍だとどうなるだろうか？　二五倍だから四〇万円で（四〇万円を担保にして）一〇〇〇万円分の米ドルを買うことができる。先と同じ条件、一米ドル＝一〇〇円で計算すると一〇万米ドル買えるわけだ。

今、この取引をする人がお金に余裕がなく、手持ちの四〇万円をすべて使って米ドルを買ったとしよう。さて、為替が少し円高に動いた。一米ドル＝九八円になった。この時、証拠金維持率は何％になるだろうか？　必要証拠金は、四〇万円。問題は評価損の額だ。一米ドルで二円の損失なのだから、一〇万米ドルだと評価損は二〇万円。すると、有効証拠金は四〇万円マイナス二〇万円で二〇万円となり、証拠金維持率を求める式はこのようになる。

有効証拠金　必要証拠金　証拠金維持率
二〇万円　÷　四〇万円　×　一〇〇＝五〇％

驚くなかれ。最大限二五倍のレバレッジをかけていた場合、わずか二円あまり為替が動いただけで強制ロスカットということになってしまうのだ。

株の信用取引――わずか数日で数千万円が吹き飛んだ

次は、株の信用取引の話だ。先のFXの場合と同じく、信用取引もレバレッジをかけた取引、借金を背負っての取引だ。FXのように二五倍なんてことはなく最大で三・三倍だが、そのリスクを軽くみてはいけない。そのリスクの恐ろしさを実感していただくために、ある投資家の体験談をお伝えしておこう。『東洋経済オンライン』の記事からの紹介だ。日本株式専門投資家の堀哲也氏が二〇一七年三月七日付の同オンラインに寄稿している、「二八〇〇万を数日でゼロにしかけた株投資の罠」だ。

堀氏は、金融資産をリーマン・ショック後の六〇万円から二〇一〇年秋までに一〇〇〇万円にまで殖やした。さらに独自の予想を的中させ、アイフルなど二銘柄で短期間に九〇〇万円近い利益を上積みした。自分の腕に一段と自信を持った堀氏が次に目を付けたのは、「Jトラスト」という銘柄だ。

Jトラストは、二〇一〇年九月に会社更生法の適用を申請した消費者金融大手・武富士の買収最終候補に残り、もし決まればインパクトが大きいので株価が急騰すると堀氏は考えた。「この株で大儲けできる可能性は高いぞ!」——そう考えた堀氏は、信用取引の中でも禁じ手と言われるハイリスク取引に打って出る。その禁じ手とは「信用二階建て」だ。

先に説明したように、通常の信用取引の最大レバレッジは約三・三倍だ。三〇万円の元手なら一〇〇万円分の株を買うことができる。「信用二階建て」とは、現金ではなくある銘柄株を担保にして、同じ銘柄の株を信用取引でも買う投資手法をいう。たとえば一〇〇万円分の現物株Aを担保にした場合、現金の場合と違って担保価値は八掛けとなるが、それでも追加で約二六六万円分A株を信用で買い増すことができる。現物・信用、合わせて三六六万円分A株を買うことができ、レバレッジは三・六倍に高まる。完全に「A株で勝負」という時のやり方だ。

堀氏は二〇一一年一月から二月にかけて、現物・信用合わせてJトラストを五万八〇〇〇株まで買い増して行った。そして、「その時」を迎える。ここからは、堀氏の体験談からそのまま引用しよう。

しかし、武富士の件は延期となり、買い過ぎの信用分の株を抱えることになりました。ここで、本来は信用分だけでも売るべきだったのですが、決定の延期だけでしたので、「このまま持っていればいいや」と、一株も売りませんでした。（中略）

アイフルの利益が確定した時点で私の金融資産は二〇〇〇万円となっており、さらに震災前にJトラストは五八〇円程度まで値上がりしたことにより含み益が八〇〇万円になり、資産は二八〇〇万円程度になっていましたが、信用分も含めるとJトラストを三四〇〇万円分保有している状態でした。他にも優待株や低位不動産株などの現物株八〇〇万円分も持っていましたので、信用二階建てで実質四二〇〇万円以上の株を保有している状態でした。それも、含み益がかなり乗った状態で。

後で振り返ると三月一一日に東日本大震災が起こるワケですが、その直前に一時期Jトラストの株価は落ちてきていました。その時点で私は「単なる調整」とたかをくくっていました。

そして、東日本大震災が起こります。翌週の月曜日（三月一四日）から、リスクオフの流れになりほぼすべての株が全面安の展開になりました。（中略）

この時点では、Jトラスト自体の業績が悪くなったわけではないから二～三日で戻るとまだ楽観的に考えていました。しかし、震災直前の下げで二二〇〇万円まで落ちていた私の資産額は、たった一日で一

三〇〇万円を切っていました。（中略）
結果論とはいえ、株価はいくらでもいいから最優先で売るという成り行きの売り注文を入れておけば、Ｊトラストを損切りすることができました。
翌三月一五日のＪトラスト株は、一度も寄る（売買が成立する）ことなくストップ安比例配分で三二五円まで下がりました。結果、私の資産は六〇〇万円まで減りました。そして、手元には現物分信用分合わせて五万八〇〇〇株ものＪトラスト株が残っていました。（中略）
そして、私はその翌日にも「追証」を入れなければならなくなることが確定しました。私がマイナス分を払えなくなると証券会社が立て替えなければならなくなる可能性があるので、もっとおカネを証券会社に入れろということです。私にはそんな財源などどこにもありませんでした。生活費から補填など妻が許すはずもありませんし、仮にできたとしても一日の値下がり分の対応すらできない状況でした。

ここにきて、流石に私も焦りました。翌日もストップ安になった場合、資産がさらに減り、一二〇万円くらいになる計算でした。少しでも下がれば追証が発生し、もし寄らなければさらに次の日には破産確定です。

（東洋経済オンライン二〇一七年三月七日付）

このように、信用取引では（特にこのケースの場合は禁じ手の「信用二階建て」ではあったが）、わずか数日で数千万円が吹き飛んでしまうことがあるのだ。レバレッジをかけた取引は、かくも恐ろしいのである。

読者の皆さんの中には、「東日本大震災という特殊要因があったからではないか」と思われる方もいるかもしれない。確かにそういう面もある。しかし、武富士買収の決定延期という局面での「このまま持っていればいいや」という判断。震災前にもＪトラストの株価は落ちてきていたにも関わらず、「単なる調整」と高をくっていた事実。堀氏はそれらを回顧して「自分本位な予想」であったと反省している。

「自分本位の予想」――投資において極めて注意しなければならないのがこれだ。行動経済学に「確証バイアス」という言葉がある。「バイアスがかかる」という言い方があるが、偏《かたよ》るという意味だ。行動経済学における確証バイアスとは、確証に偏るということ。より具体的に言えば、自分が信じた確証に基づいてそれに合う情報をピックアップし、それに否定的な情報はさらっと流したり、信じない。さらには、確証に否定的な意見を述べている人に対して「こいつはオカシイ」などと思って腹まで立てたりする。そういう傾向があるということだ。堀氏が陥ってしまった「自分本位の予想」は、まさにこれに当たる。

なぜ、そういう風に心が動く傾向があるかというと、心理学的に見ればそれは自分を守るためだ。自分の選択は正しかったのだということを信じたい、自分のプライドを守りたい、そういう気持ちは誰にでもある。その心理が確証バイアスにつながるのだ。いかに「この考えは合理的だ」と思っていても、思い込んでいればいるほど実は「合理的」からは離れて行く。しかし、確証バイアスに〝はまった〟人間はそうは思わないのだ。

堀氏は相当な投資の手練れだ。様々な情報を分析し、予想を当てて大儲けしてきた。それでも（「それだからこそ」とも言えるが）、こんな致命的な判断の誤りを犯してしまうのだ。

一般投資家は、絶対に「信用買い」などに手を出してはいけない。

信用取引の格言――「買いは家まで、売りは命まで」

先に簡単に説明したように、信用取引は「売り」から入ることもできる。実際には株を持っていないのに、証券会社などから株を借りて売るから「空売り」という。そして、株価が下がったところで買い戻すことによって利益を得る。だから、下落局面で利益を得ることも可能となるというのがメリットとされる。

しかし、この信用取引の「売り」にはこんな相場格言がある――「買いは家まで、売りは命まで」。信用取引で株を〝買った〟場合は、最悪のケースでも家を売るくらいですむが、信用取引で株を〝売った〟場合、命まで失うかもしれないという意味だ。

具体的な数字で確認してみよう。現在、一株一〇〇円で取引されているA社株。この株を信用取引で一〇万株（一〇〇〇万円相当）「買った場合」と「売った場合」を考えてみる。自己資金（保証金）は四〇〇万円としよう。

まず、信用買いをした時の最悪の場合をシミュレーションしてみよう。一〇〇円で一〇万株を信用で買ったA社株が倒産を発表。株価が大幅に下落し、上場廃止となった。株価は五円にまで下がってしまった。この場合の損失は、次の式で計算される。


（五円−一〇〇円）×一〇万株＝▲九五〇万円

自己資金は四〇〇万円なので、投資額以上の損失が出てしまう。投資した元手資金以上の損失が出てしまうのは、すでに見てきた通りだ。ただし、信用買いの場合のリスクは最悪でも価値がゼロになるだけなので、このケースだと一〇〇〇万円（最初投じた自己資金以上の損失は六〇〇万円）が最大だ。

では、信用売りの場合はどうなるか。こちらも最悪の場合をシミュレーションしてみよう。業績悪化は避けられないと見たA社株を一〇〇円で一〇万株分を空売りした。ところが、突如同社が新型コロナウイルス対策に有効な治療薬を開発したと発表されA社株は急騰。あっという間に三倍の三〇〇円に跳ね上がった。この時点での損失は、次の式で計算される。

（一〇〇円－三〇〇円）×一〇万株＝▲二〇〇〇万円

さらに、株価が五倍の五〇〇円にまで上がったとしたら、損失額は次の通り。

（一〇〇円－五〇〇円）×一〇万株＝▲四〇〇〇万円

いずれの場合も自己資金は四〇〇万円だから、一六〇〇万円、三六〇〇万円もの超過損失が出ている計算となる。これでもまだ、最悪のケースではない。最悪にはまだまだ上がある。株価が上がれば上がるほど損失は膨らんで行くのだ。つまり信用売りの場合、株価に天井はないため損失の可能性は無限大なのだ。「買いは家まで、売りは命まで」――一般投資家の方は、そんな世界もあるのだと知っておくだけにしていただきたい世界である。

「金《きん》」の先物取引、最大レバレッジは七〇倍

レバレッジをかけた取引、次は「先物取引」について説明しよう。古くからの私の読者は、「先物」と聞けばすぐ、「MFタイプのファンド」を思い出されることだろう。たとえば、二〇一三年五月に上梓した『国家破産を生き残るための12の黄金の秘策〈下〉』（第二海援隊刊）の中では、私はMFタイプのファンドについて次のように述べている。

実は、現金や金《きん》よりも危機に強いものがある。それが〝MF〟である。MFは「マネージド・フューチャーズ」の略称である。「マネージド」は「管理すること」を意味し、「フューチャーズ」はこの場合、「未来」ではなく「先物」を意味する。つまりMFとは、「先物を高度な金融技術で管理しながら運用する方法」なのである。この運用手法

だけが、二〇〇八年の誰もが予想だにしなかった巨大な金融パニックを生き残ることができた。しかも、ただ生き残っただけではない。驚くことにMFタイプのファンドの中には、二〇〇八年に三〇%増、五〇%増となったものもある。

（浅井隆著『国家破産を生き残るための12の黄金の秘策〈下〉』）

しかし、私は先物で運用するMFタイプのファンドはお勧めするが、個人投資家の方が自ら先物取引をすることとは、まったくお勧めしない。なぜなら、MFタイプのファンドは最先端の「高度な金融技術」によってリスクをきちんと「管理」して運用しているから投資に値するのであって、個人投資家にはそんなことは到底不可能であるからである。徹底したリスク管理のない先物投資は、ハイリスク以外の何物でもない。

だから私は、前掲書の中でもはっきりこう述べている。

先物は儲かりそうだからといって素人が安易に手を出せば、あっという間に資産を失うことになるだろう。リスク管理をする上で、人間は基本的に相場に向かないのだ。（同前）

本当に「あっという間」に資産を失うのである。それくらいハイリスクなのだ。だから、先物取引はプロが運用する場としては適しているが、個人投資家が手を出す世界ではない。これが結論なのだが、それで終わってしまってはおもしろくないので、ここから少し先物取引とは何かというお話をしておこう。

先物取引は、現物取引のリスク回避策として生まれた。たとえば、ある農産物の買い手のことを考えてみよう。買い手は半年後に収穫される一〇〇トンの農産物を一〇〇〇万円で買いたいと考えた。仕入れたあとの販売先である小売業者との契約を考えると、一〇〇〇万円で仕入れればまずまずの利益が確保できる。だが、仕入れ値が一一〇〇万円になると赤字になってしまう。九〇〇万円で買えればもちろん御の字だが、そこまで価格が下がる保証はない。損失リスクの方が怖い。そこで、半年後一〇〇トン分の農産物を一〇〇〇〇万円で買うという先物取引契約をした。これで価格変動リスクは回避できた。

さて、ではこの先物取引契約に当たってお金はいくら必要だろうか？　一〇〇〇万円か？　いや、一〇〇〇〇万円というのは「期日にはこの価格で買うよ」という約束事であって、今必要な額ではない。先に述べたように、半年後にズレた金額を差金決済するのだから、ズレを担保できる金額があればよい。それが、先物取引に必要な「証拠金」だ。

では、どれくらいの証拠金が必要になるのか？　賢明な読者の皆さんはお気付きだと思うが、それは対象となる商品の価格変動がどれくらいかによる。証拠金は価格のズレを担保するものなのだから、価格変動が少ない商品であればあまり多くの証拠金を積む必要はないし、価格変動が大きい商品であれば大きな金額が必要となる。

では、この先物取引における証拠金に対する取引金額、レバレッジは最大で何倍くらいになるのだろうか——実に約七〇倍である。金《きん》（ゴールド）の先物取引のレバレッジは、約七〇倍だ。通常、最大レバレッジ（取引をするのに必要な証拠金の額）は、商品ごとに金融庁や日本商品清算機構、日本証券クリアリング機構で定められている（ただし、そこで決められているのはあくまでもレバレッジの上限であって、取り扱っている証券会社や商品先物取引会社によってはそれよりも低いレバレッジで取引を行なうことになる）。

ちなみに、金《きん》と同じ貴金属の一つである白金（プラチナ）の最大レバレッジは、約三五倍だ。これは、先に述べたように価格変動の大きさの差による。金《きん》の方が白金よりも価格変動が小さいのだ。

読者の皆さんの中には「金《きん》はメジャーだし、価格変動が小さいのなら、七〇倍のレバレッジで大儲けを狙ってみようかな」などと思われた方もいるかもしれない。しかし、九五ページのチャートをご覧いただきたい。この五年の金《きん》価格（円／グラム）の動きだ。読者の皆さんもご存じかもしれないが、二〇一九年後半から金《きん》価格は急騰している。二〇一九年五月頃買いに賭けていれば大儲けだが、売りに賭けていたら破滅的損失だ。

過去5年間の金価格推移

(2015年1月～2020年6月)

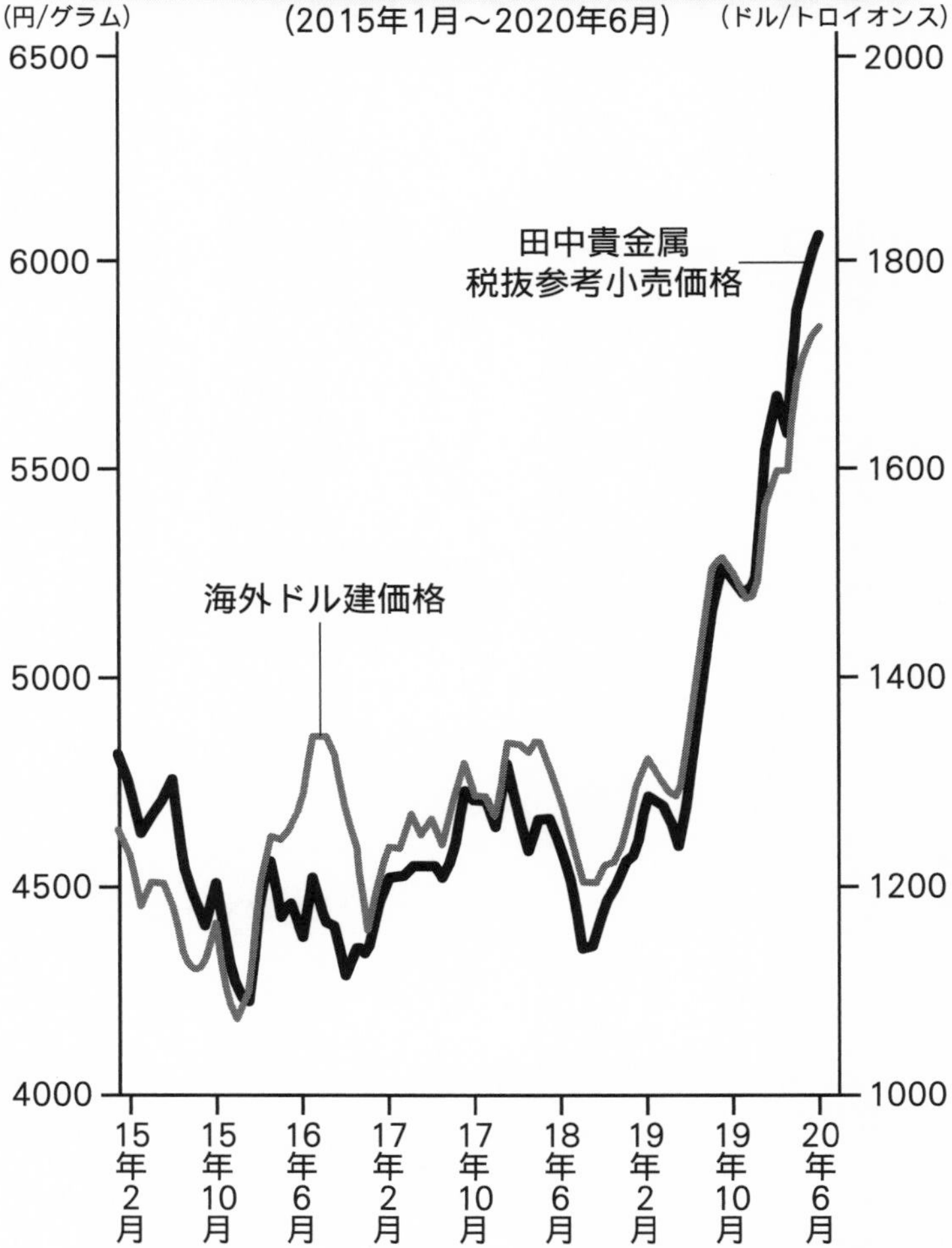

田中貴金属のデータを基に作成

このように、先物取引は現物を扱うプロや運用のプロが使うと大変有益なものだが、素人が手を出す世界ではない。一般投資家である皆さんは、「先物という世界があって、そこでの最大レバレッジは、なんと七〇倍なんだ」と知っておくだけでよい。決して、足を踏み入れてはならない。

窮地に陥る「億り人」

ここまで、投資の原則として、「レバレッジをかけるな」という話を延々としてきた。安易なレバレッジをかけた取引は、破産への道だ。

では、レバレッジにだけ気を付けていれば投資において破産することはないかというと、そうではない。その投資対象が、税法上どういう扱いになるのか、これをしっかり押さえておかないと死ぬ目に遭いかねないのだ。

数年前に一大ブームを巻き起こした「仮想通貨」（暗号資産）がその典型だ。仮想通貨は二〇一七年に暴騰し、多くの投資家が多額の利益を得た。国税庁によると、同年に仮想通貨への投資で一億円以上の所得を得て税務申告した人は三三一人にのぼる。彼らは、映画『おくりびと』のタイトルをもじって「億り人」と呼ばれる。億り人の全員がきちんと税務申告しているとは考えられず、億り人の実際の数はこれよりもずっと多いだろう。

しかし二〇一八年、仮想通貨は前年の暴騰から一転、大暴落した。その結果、多くの億り人の資産が激減した。それだけならまだよい。実は資産が激減した億り人の中には、破産状態に追い込まれた人もいるのだ。いや、正確には破産（自己破産）すらできず、一生かかっても払いきれないほど巨額の支払い義務を背負うことになったのだ。そのあまりにも恐ろしいエピソードをお伝えしよう。

シングルマザーの四〇代女性の実話だ。彼女は二〇一五年一〇月、「カルダノ・エイダコイン」（以下、エイダコイン）という仮想通貨にプレセール（予約販売）で六〇万円投資した。投資資金は、預金の三分の一を取り崩し、生命保険も解約して捻出したというから、彼女にとって六〇万円はかなりの大金であることがうかがえる。

その後、二〇一七年の仮想通貨の暴騰の波に乗り、彼女が保有する「エイダコイン」もすさまじい大暴騰を演じた。二〇一八年一月には、投資時の四七〇倍まで高騰し、六〇万円の資金はなんと二億八〇〇〇万円に大化けした。

こうして億り人となった彼女を、地獄が待っていた。同年二月、仮想通貨が大暴落したのだ。単に暴落だけの話であればまだよい。巨額の含み益を吹き飛ばす、あるいは最悪でも投資した六〇万円を失うだけだ。しかし、彼女が突き落とされた地獄はそんな生ぬるいものではなかった。後日、彼女は国税局からなんと約三〇〇〇万円もの追徴税額を課せられたのだ。「それだけの利益を得たのだから当然だろう」と思われるかもしれない。しかし、彼女は「エイダコイン」を高値で売り抜け、現金を手にしたわけではないのだ。彼女の手元には儲けたお金はなく、保有する仮想通貨も大暴落により資産価値は激減した。

そんな彼女に、三〇〇〇万円もの税金が課せられたのだ。彼女の年収は三〇〇万円程度といい、一生かかっても払いきるのは困難な金額だ。

なぜ、このようなことになったのか？　彼女の致命的な失敗は、保有する

「エイダコイン」を他の仮想通貨に交換したことだ。仮想通貨の投資家は複数の仮想通貨を保有する人も多く、手持ちの仮想通貨を他の仮想通貨に乗り換えることも珍しくない。つまり、彼女の取った行動は、仮想通貨の世界ではごく普通の投資行動と言える。

ただし、わが国の税法では、保有する仮想通貨を他の仮想通貨に乗り換えた場合、保有していた仮想通貨は売却したものと同様に扱われるのだ。彼女が大暴騰した「エイダコイン」を他の仮想通貨に乗り換えたことで「エイダコイン」の巨額の利益が確定し、その結果、巨額の納税義務が発生したのだ。

それでも、「エイダコイン」から乗り換えた仮想通貨の価値がある程度維持されていたなら問題はなかった。仮想通貨を売却すれば、納税資金は十分用意できたはずだ。しかし、その後仮想通貨は大暴落してしまった。今や、保有する仮想通貨を売却しても三〇〇〇万円もの税金は到底支払うことはできない。

ちなみに税金は非免責債権であり、借金とは異なり自己破産しても免除されることはない。彼女は楽ではない家計をやりくりし、毎月少しずつ納税を続けているという。

本章でここまで見てきたように、大金持ちになることを狙って思慮を欠いた投資をやってしまうと、大金持ちどころか爪に火をともす生活に転落してしまう。心してほしい。

大金持ちになるためのヒント

本章の最後に、オプション取引をはじめ投資の世界で継続的に利益を上げ、生き残るためのヒントをお伝えしよう。

ヒント1　有効と考えられる方法には徹底的にこだわる

買い建てによるオプション取引は、決して勝率の良いものではない。いかに優れた手法であっても、損失を出すことの方が多いのが普通だ。しかし、たとえば一〇回取引して一勝九敗だったとしても、たった一度の勝利が大きな利益をもたらせば、トータルで収益を上げることは可能だ。また、それを可能にするのがオプション取引の魅力でもある。

繰り返しになるが、オプション取引を学び、取引を始めたとしても、誰もが簡単に利益を上げられるものではない。一〇回取引して勝てるのは一回か二回が普通で、三回勝てればかなりのものだ。ちょうどプロ野球の打率のイメージに近い。三割バッターなら一流、というところだ。全盛期のイチロー選手でさえ、打率四割には届かないのだ。

しかし、打率一、二割の三流選手であっても、ここぞというチャンスに値千金の逆転満塁ホームランを打てば、勝者となることは可能だ。オプション取引も、「ここぞ！」というチャンスをものにできれば、たとえ一割バッターでも大きな収益を上げることができるのだ。

だから、オプション取引を研究する中で、「これは！」というやり方に出会ったなら、そのやり方に徹底的にこだわることだ。結果が出るまで、何度もトライする根気が必要になる。もちろん、そのやり方が有効であることが前提の話だ。そもそも、有効なやり方でなければ何度取引を繰り返しても当然、結果は出ない。そのため、有効ではないと判断した場合は取引を中止し、別のやり方を検討する勇気と判断力も必要になる。

ヒント2　本物の情報を手に入れろ

オプション取引に限らず、投資全般に言えることだが、何かに投資する際には情報収集が極めて重要だ。しかるべき情報がなければ、投資判断ができないからだ。単に理屈をこねているだけの情報では意味がなく、予測の的中確率の高い情報こそ本物と言える。

情報化社会と言われて久しいが、特にインターネットが普及してからというもの、誰もが簡単に非常に多くの情報が入手できるようになった。インターネットの情報も大いに利用すべきだ。しかし、インターネット上に溢れる情報の中にはいい加減なものも少なくない。そのような情報を元に投資して、取り返しのつかない大きな損失を被ったり、詐欺被害に遭う人も少なくない。

このような時代だからこそ、本物の情報を手に入れる努力が欠かせない。本物の情報を集めるにはコストや手間がかかる。そのようなコストや手間は絶対に惜しんではいけない。投資や資産運用を行なう前に、まずは情報に投資すべきである。

ヒント3　気力・体力がなければ戦えない

オプション取引も現物の株取引と同様、現在はネット取引が主流だ。読者の皆さんのトレーダーのイメージはどのようなものだろうか？　上等の椅子に腰かけ、株価チャートが表示された複数の画面を目の前にして、時々マウスをクリック（売買注文）する。もちろんリスクはあるが、体力的には楽だと思われるかもしれない。しかし、プロアスリート並みの体力が必要ということはないが、ある程度の体力は身に付けておくべきだ。

オプション取引には根気が必要だと書いたが、根気とは気力そのものだ。気力がなければ根気は続かない。そして、気力を支える重要な要素になるのが体力なのである。やはり、何ごとにおいても体が資本だ。体力あればこそ気力も充実するし、粘り強く物事に取り組むことができるものだ。

運動不足は御法度。トレーダーこそ体を鍛え、体力維持に努めよう。

ヒント4　良き同志、仲間を持つ

オプション取引に習熟し、利益を上げるには自ら主体的に勉強することが欠かせない。何ごとにおいても他人任せというタイプの人は、オプション取引で継続的に成果を上げることはまず不可能だ。

しかし、一方でストイックにすべて自分一人で投資に向き合うのは得策とは言えない。どれほど有能な人であっても、人間一人の知識、考えなど高が知れている。人との情報交換や何気ない会話から、投資のヒントが得られることは少なくない。同志と呼ぶべき信頼できる仲間も作っておきたい。

そのような仲間作りが難しければ、本を読むことも有効だ。投資関係の本に限らず、様々なジャンルの本を読むことが意外にも役立つものだ。発想が柔軟になり、それまでと異なる角度から物事を見ることによって、思いがけない投資のアイデアがひらめくこともある。他者に学ぶ、先人に学ぶ謙虚さは失ってはならない。

ヒント５　心の修業を徹底して行なえ

オプション取引に限らず、相場を張る時には誰もが「儲かるだろう」と考える。しかし、実際にはなかなか思い通りに行かないこともある。いや、むしろ思い通りに行かないことの方が多いくらいだ。上がると思って買ったものが下がる、下がると思って売ったものが上がるというのはよくあることだ。

そうなると、頭に血がのぼり、思わず熱くなってしまうものだ。「この相場はおかしい。俺の判断は正しいはずだ。相場は必ず戻る」などと考え、損切りをせず、さらに資金を突っ込んで傷口を広げてしまうのも、ついやってしまいがちな行動パターンだ。

相場は、経済的な理屈や理論に関係なく動くことが少なくない。現実の相場こそが常に正しいのだ。相場が予測に反して動いた場合は潔く負けを認め、撤退する勇気が必要だ。相場というものは、感情の赴くままに取引していてはまず良い結果は出ない。熱くなったら負けである。常に、冷静沈着さを保たなければ適切な判断はできない。そのためには、感情をコントロールする能力が必要だ。

感情の起伏が激しく、すぐに熱くなる性格の人は相場には向かない。常に冷静な判断ができるよう、メンタルを鍛える必要がある。日々の生活の中に瞑想を取り入れるのもお勧めだ。

ヒント6 時には人の逆を行く発想が必要

オプション取引のような短期投資の場合、市場参加者のうち利益を上げられるのはごく一部の投資家だけだ。大多数の投資家は損失を被るのが現実だ。ということは、大多数の投資家と同じような投資行動を取っている限り、継続的に利益を上げることはできないということだ。

相場に関する有名なエピソードとして「靴磨きの少年」の話がある。アメリカのケネディ元大統領の父親、ジョセフ・Ｐ・ケネディが大暴落の直前に株を売り抜けた話だ。

ある日、ジョセフは路上で少年に靴を磨いてもらっていた。その際、少年はジョセフに「今は○○の株が儲かるよ」と言ったそうだ。それを聞いたジョセフは「こんな少年までもが、株の売買をしている。しかも、必ず儲かると信じている。これは、いよいよ危ない」と感じて持ち株をすべて売却し、その後の暴落を免れたという。相場で利益を上げるには、トレンドを見極め、時に多くの人の逆を行く発想が必要になる。

これらのことを心がけ、実践することで、オプション取引によって財産を大きく殖やせる可能性はぐっと高まるだろう。

第四章

オプションの正しいやり方

――秘伝を公開。基本から応用まで

証券会社が教えてくれない特別な運用ノウハウ

オプション取引は、非常に奥深い。

そのため、はじめに申し上げたいのは、「すべてを理解することは、さっさとあきらめてしまおう」だ。その上で、オプション取引について最低限の知識を身に付け、実際に自分で取引できるまでのノウハウをまず身に付けよう。そして、実践あるのみだ。この章では、それに足る知識をこれまでほとんどの人が知らなかったオプション取引について、基本から応用部分までお伝えしよう。

日本でオプション取引が本格的に始まったのは、ちょうど株式市場が賑わっていたバブル絶頂期の一九八九年のことである。一九八九年六月、あとで詳しく取り上げる、「日経平均オプションの取引」が大阪証券取引所（当時）で扱われ始めた。

なぜ、東証ではなく大証だったのか。それは、オプションの前身とも言える米相場が大阪の堂島にあったことから、その流れを汲んでいると推察される。

今から約三〇〇年前の江戸時代中期である一七三〇年九月、大阪の堂島に米の取引所が開設された。当時、大阪は年貢米が集まる場所で、その必然性から堂島で米相場が始まったのだ。具体的には、米の所有権を有価証券化した「蔵米切手」が売買されていたのだが、現物取引である「正米取引」とは別に架空に設定された米を取引する「帳合米取引」も行なわれた。この「帳合米取引」が、今の先物取引である。そして、「蔵米切手」を得る〝権利〟を担保に資金を借りることができた。この「蔵米切手」という有価証券を得る〝権利〟というものが、まさに「オプションの考え方」である。

この堂島の米相場は、世界でもっとも古いデリバティブ市場として世界で認識されている。ただ、実はそれよりもはるか昔からオプション取引自体は存在している。人類初のオプション取引は、なんと紀元前のある逸話にまで遡る。

古代ギリシャの有名な哲学者であるアリストテレス（紀元前三八四～三二二年）がその著書『政治学』で、これまた有名な古代ギリシャの哲学者タレス

（紀元前六二五〜五四七年）が行なったオプション取引の成功事例について述べている。哲学者であるタレスは、極めて質素な生活をしていたため「哲学は（人が生きる上でお金にもならず）役に立たない」と周りの人々からあざ笑われていた。そこでタレスは一考し、その知恵を活かすことでお金儲けができることを示そうとした。タレスは天文学の知識から翌年オリーブの豊作を予想し、その予想を元に翌年のオリーブの収穫期にオリーブを絞る器具を借りるための手付金を至るところで片っ端から払った。

翌年、タレスの予想通りオリーブは豊作となり、それを絞るための器具の需要は増したが、ほとんどの器具はタレスが手付金を払ったものだった。そこで、あらかじめ手付金を払っているタレスはオリーブを絞る器具を普段と同じ値段で借り、それよりも高い値段でまた貸しし、莫大な利益を得た。これ以降、人々はタレスを見直し、「哲学は役に立たない」と二度と言わなかったという。

この話のポイントは、タレスが最初に行なったことがオリーブを絞る器具を実際に借りたりまたは買ったりしたのではなく、借りる〝権利〟を少額の手付金で買ったということだ。この話ではオリーブが豊作になり、タレスは実際にその器具を借りたわけだが、もしオリーブが不作だったらタレスはどうしていたか。もちろん最初に払った手付金を放棄して、借りるのをキャンセルしていたに違いない。この「権利の売買」こそが、「オプション取引」なのである。

さて、実際にこの話が本当に人類初のオプション取引であるかどうかは定かではない。よくできた話なので実話かどうかも疑いたくなるくらいだ。ただ、オプション取引については、その原型が〝権利〟に対して手付金を払う取引の変形と考えられ、遠い昔から類似する取引はされていたという研究がある。

いずれにしても、オプション取引はかなり昔からあるもので、そして今ではきちんとした証券取引所で扱われている由緒正しき取引であることがわかる。証券取引所で扱われているわけだから、証券会社を通じて普通に取引できる。

それにも関わらず、おそらく九割以上の日本人はオプション取引を知らないはずだ。普段から証券会社とお付き合いのある方でも、投資信託や債券の勧誘は何度か経験されていると思うが、このオプション取引を勧められたことはほぼ皆無だろう。これには、ワケがある。

実は、オプション取引に近い存在である証券会社の社員は、自身がオプション取引を行なうことは禁止されている。当然、自分が取引できないものを詳しく学ぶ意欲は薄れる。それでも仕事の中で使うのであればイヤでも覚えるが、そうでもない。一般的に、オプション取引は複雑な金融商品と認識されている。そのため、顧客にそれを勧めるには詳細なリスク説明を行なう必要がある。そのような説明に手間と時間がかかる厄介な金融商品にも関わらず、それを勧めたところで証券会社に入る手数料は微々たる金額なのである。

厄介なのに儲からない金融商品……これが証券会社から見たオプション取引なのである。一番詳しいはずの証券会社が、まるで腫れ物に触るかのように扱うわけだから、一般の投資家にこのオプション取引が広がるわけがない。

しかし、これは投資家側から見ると、実にもったいない話である。すでにお気付きの通り、オプション取引は数多ある投資方法の中で、もっとも投資効率の良い方法といっても過言ではないだろう。たとえば、不動産取引では価格が倍になることはめったにない。仮になったとしても長い年月をかけてのことである。株取引なら、それよりも短い期間でさらに大きな倍率を上げることは十分期待できるが、「テンバガー」（Ten Bagger：短期間に一〇倍以上の株価を記録する現象、またはその銘柄）という言葉がもてはやされる通り一〇倍になれば大成功だ。それも、不動産ほどではないが数ヵ月～数年の期間を見ておく必要がある。第二海援隊グループでお勧めしている海外ファンドも、長期にわたって年率十数％程度もあればかなり成功している部類として評価される。それに対してオプション取引は、桁違いの収益性を誇る。

オプション取引の世界では、一〇〇万円がわずか三週間で四億円になるのである。もちろん、こんなことが日常茶飯事ではないが、投資した資金が二倍、三倍になる収益機会ぐらいは、それこそ日常茶飯事で至るところにごろごろ転がっている。感覚としては二倍、三倍は週一、二回ほどあったりする。

それどころか一〇倍になることも珍しくなく、数ヵ月のうちに一、二回ほど起こり得る。そして、たまに一〇〇倍になったりする。一年、二年のうちに一回くらいはこの一〇〇倍という数字が見られるだろうか。さらに極め付けは、数十年に一度はなんと一〇〇〇倍以上になったりする。

期間でいうと、最初の二倍、三倍または一〇倍、一〇〇倍は一週間ぐらいの短期間に本当に短い場合であればわずか一日の間で起きたりする。さすがに一〇〇〇倍以上になると、数週間～一ヵ月ほどの期間が必要である。いかにオプション取引が他の投資先と比べて桁違いに投資効率が良いかがわかるだろう。

しかも、この極端に高い投資効率を、損失限定した上で行なうことができるのもオプション取引の大きなもう一つの魅力である。前の章でも触れた通り、似たように投資効率が高い投資先として信用取引やFXがあるが、それらは時に投資した額以上の損失を負ってしまうことがある。「追い証」である。

巷には「信用取引やFXだけは死んでもやってはいけない」という人がいる。親の遺言で禁じられているという人もいるかもしれない。まさにその通りで、特に生半可な知識をかじった人が手を出してよい代物ではない。実際に、それで全財産を失ったという人もいるし、それだけではすまずに莫大な借金を抱え

オプション取引の破壊的な収益力

2倍、3倍 →	週1、2回ほど起きる当たり前の日常
10倍 →	数ヵ月のうちに1、2回ほど
100倍 →	1年、2年の間に1回ほど
1000倍以上 →	10年に一度

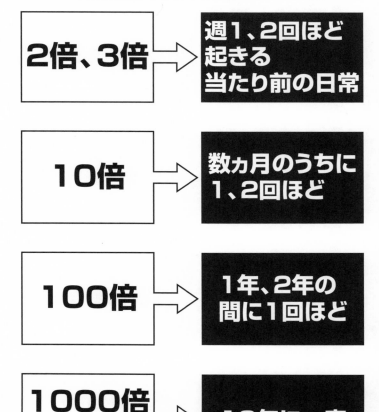

てしまったという人もいる。

ところが、オプション取引の場合には、やり方さえ間違えなければ損失を限定する方法があるのだ。最大の損失は投資額に収めることができ、予想外のマイナスを出さない方法で、これによって突然借金を抱えてしまうことを防ぐことができる。それでいて爆発的に高い投資効率を持つわけで、たとえ証券会社の人が教えてくれなかったとしても、オプション取引を知らないままでいるのは非常にもったいない。

あなたはそれでも車を運転している

語弊がないように申し上げておくと、オプション取引でもやり方を間違えると、思わぬ損失を抱えてしまうことがある。間違ったやり方の場合、信用取引やＦＸと同じように想定以上の損失を出してしまい、全財産を失ってしまったり、それでも足りずに大きな借金を抱えてしまったりすることも考えられる。

そのため、十分注意しながら取引を行なう必要がある。

実際にオプション取引をする際のチェックポイントは、順に解説するので安心してほしい。ただ、このような話をすると、「そんな損が出る可能性がある取引だったら、やっぱりやめようか」という人が一定数は出てくる。仕方のないことだが、なんとも残念で、読者の皆さんにはそのようにはなって欲しくない。せっかく投資効率の極めて高い方法があるのだから、それをぜひ試してみてほしい。やってみてダメだったら、その時点でやめればよいだけの話である。

初めてオプション取引を行なうことは、ちょうど初めて車に乗ることに似ている。車もスピードを出し過ぎれば非常に危険な乗り物になるわけだが、だからといって普通は危ないから車に乗らないでおこうとはならない。もちろん、少しはそういう人もいるだろうが、大多数の人は車の便利さから一生懸命練習して乗ろうとするはずだ。それと同じで、オプション取引もスピードを出し過ぎたり、ブレーキをかけるところでアクセルを踏んだりするようなおかしなことをしない限り、大きな事故を起こすことはない。だから、一生懸命練習してぜひ、この便利な運用方法を使いこなしてほしい。

オプション取引は、実は金融工学の最先端の技術だから、中身は複雑である。ただ、それをすべて理解する必要はない。これも車と同じである。車の構造は、複雑である。でも単に運転するだけであれば、車の構造を知る必要はない。

私は車の運転が好きで、よく高速道路である程度のスピードを楽しんでいる。読者の皆さんも、車を日常的にまたは週末のお出かけに活用しているだろう。では、車の構造をよく理解しているだろうか。ブレーキはなぜ利くのか。なぜハンドルを左に回したら車が左に曲がるのか。ガソリンはどのように使われているのか。どれもシンプルな質問だが、正確に回答することが難しい質問ばかりである。ただ、そんなことを知らなくても車の運転に影響はない。ブレーキを踏めば車は止まるし、左に曲がりたければハンドルを左に回す。ガソリンが少なくなってきたらちゃんと給油しておく。それだけで十分、車に乗ることはできるのだ。

オプション取引を理解しようと書店に行くと、難しい専門書に当たることが多い。オプション取引の〝入門〟と書かれているにも関わらず、覗いてみると大学数学で出てくるような難しい文字だけの数式が並んでいたりする。これで入門だから、応用になるとどれぐらい難しいのかと思う一方で、これまでオプション取引の〝応用〟と書かれた書籍は見たことがない。不思議である。

それはさておき、このような難解で専門的な書籍の存在がオプション取引を行なう上での心理的な壁を形成しているように思われるが、それら専門書を気にする必要はまったくない。ちょうど、車の運転を学ぶために車のメカニズムを解き明かす書籍を手に取ったようなもので、すぐに本棚に返却して構わない。

例外として、あなたが人のお金を預かって運用するヘッジファンドマネージャーになるのであれば、その専門書を購入した上で十分理解する必要があるだろう。ただ、自分自身のお金を使って自己責任でオプション取引を行なうのであれば、これから解説するオプション取引の基礎知識を十分ご理解いただいた上で、あとは実践あるのみである。

オプション取引を行なうハードルは、驚くほど低い。最低、一〇〇〇円プラス数百円の手数料で始めることができるのだ。ということは、気を付けて取引すれば最大損失は一回千数百円にあらかじめ限定することができるのである。おそらく、取引しているうちに千数百円の取引ではもの足りなくなるだろうが、かなり慣れてくれば金額を少しずつ上げて取引するのである。

まずは〝習うより慣れろ〟で、最低限の基礎知識だけ身に付けたら実際に小口で市場に飛び込んでみる方が早い。ちなみに、千数百円の取引ではそれほど収益を得られないからやる価値もないとお考えの方も侮るなかれ。過去の大パニック相場の際には、もっとも良いタイミングで見てみると、千数百円がなんと一〇〇〇倍以上の一〇〇万円以上になっていることがあるのだ。こうしてみると、やはり非常に魅力的な投資方法であることがわかる。

オプション取引は原則「買い」からスタート

ここからはオプション取引を行なう上での基礎知識を解説して行こう。少し難しい部分も出てくるが、なるべくわかりやすく、必要最小限の解説に留めるのでしっかりご理解いただきたい。

まずオプション取引を行なう上で、原則「買い」からスタートと覚えてほしい。何を買うのかと言えば、「権利」である。哲学者タレスの話では、オリーブを絞る器具を借りる「権利」を買ったのである。では、読者の皆さんがオプション取引をする時に何を買うのかと言えば、それは「日経平均を買う権利」と「日経平均を売る権利」を買うのである。

日本において個人がオプション取引を行なう場合、ほとんどはこの日経平均オプションの取引を行なう。ただ、他の銘柄では株式の個別銘柄やＴＯＰＩＸ（東証株価指数）、日本国債のオプションなどが大阪取引所で扱われている。また、大阪取引所が取り扱っていないものでも、個人が「相対取引」で行なうことも制度上は可能だ。

たとえば、少し前にマスク騒ぎがあったが、そのマスクが話題になる前に哲学者タレスのように「マスクを（高くなる前の価格で）仕入れる権利」を大量に買っていたら大儲けができただろう（以下、マスクを例にとって説明するが、これはあくまでオプション取引をわかりやすく説明するためで倫理的問題は問わないでいただきたい）。転売屋のような印象をお持ちになられるかもしれないが、それとは少し異なる。なぜなら、権利を買うだけでは「在庫を抱えない」からだ。そして、ここがオプション取引のポイントだが、その権利を買った側はそれを行使するもしないも自由なのである。マスクが高くなっていれば、権利を行使してマスクを大量に仕入れて時価の高い値段で売ることができる。逆に、マスクが安くなっていれば高い値段で仕入れて安く売ると損だから、その時は権利を放棄して一切仕入れないということができる。

一方、権利を売った側は、権利を持っている側に必ず合わせる必要がある。これもオプション取引の大きなポイントである。マスクがどんなに高くなっていても、在庫がなくなっていても、マスクを仕入れる権利を持っている側が権利を行使すれば（実際のオプション取引では値段が高くなっていれば自動的に権利は行使される）、権利を売った側はそれを履行し、マスクが高くなる前の価格で仕入れた側にマスクを渡さなければいけないのである。それが履行できなければ、債務不履行の破産を意味する。

このように説明すると、権利を買った側が圧倒的に有利に見えるかもしれないが、権利を買うのは当然タダではなくお金を払うわけで、それが起こりそうならその権利は値段が高くなっており、起こりにくそうな場合には値段が低くなり、買った側も売った側も納得するような絶妙のバランスで権利に対して値付けがされているのである。

今度は、マスクを売る権利を見てみよう。マスクの値段はピーク時には五〇枚セットで五〇〇〇円、一枚当たり一〇〇円までになった（インターネット上ではそれ以上高い値段も見受けられた）。今は、値段が崩れて一枚五〇円以下になっているが、もしそのピーク時にマスクの転売屋などから「一枚一〇〇円で売る権利」を買っていたらどうなっていたのか。

一枚一〇〇円で売る権利とは、マスクの値段が今後どうなろうが、転売屋などに一枚一〇〇円で売り付けることができる権利のことである。先ほどの通り、権利は買って持っている側が行使するかしないかを決めることができる。すると、マスクの値段が崩れて一枚一〇円になれば、それで仕入れることができるわけで、当然一〇〇円で売る権利は行使される。逆に、マスクの値段がさらに上がって二〇〇円までになっていれば、あえて時価の二〇〇円で仕入れて一〇〇円で売ることはしないから、権利は行使されない。売る権利を売った側は、マスクがどのような値段になろうが買った側が権利を行使してくれば、最初に決めた一枚一〇〇円の値段でマスクを買い取る必要がある。その時、マスクが一〇円になっていれば一〇〇円で半ば強制的に買い取らされたマスクを時価の一〇円で売ることになり、大損となる。逆に、マスクが二〇〇円になっていれば権利は行使されないので、権利を売った際にもらう代金分がプラスになる。

ここで一つ頭の体操をしよう。「権利を買う方」と「権利を売る方」が出てきたわけだが、どちらの方が将来起こり得る最大損失を予想しにくいだろうか。答えは、「権利を売った側」である。権利を買った側は、代金を支払って権利を手に入れたわけで、あとはこの権利がどのくらいの価値になるかの問題である。

価値がまったくなくなれば、権利を手に入れるために支払った代金が無駄になるだけだ。最大損失は最初に払った代金までで、当初支払った以上のマイナスは発生しないのである。

ところが、売った方は違う。最初に権利を売って代金を受け取ったことで、マスクがどんな値段になろうが権利が行使される可能性があるのだ。もし、マスクを一枚一〇〇円で買う権利を売っていた場合、マスクの値段が一枚一万円になったとしても、最初の一〇〇円でマスクを売らないといけないのである。マスク一枚につき九九〇〇円のマイナスだ。そして、マスクの値段が上がれば上がるほどマイナスが増えるわけで、最大損失は計り知れない。もちろんマスクの値段には常識的な水準があるので、一枚一万円になるとは到底思えないが、権利の売り手が思わぬ損失を抱えかねないこのオプション取引の構造はご理解いただけただろう。

つまりオプション取引は、「買う権利」と「売る権利」をそれぞれ買ったり、売ったりするわけだが、損失を限定することができるのは常に「権利を買う方」

で、「権利を売る」と想定以上の損失が出るかもしれないのである。だからオプション取引は原則、「買い」からスタートと頭に叩き込んでいただきたい。プロの投資家でもオプション取引の「売り」をやっていたことで再起不能に追い込まれる例が多数あるので、オプション取引で「売り」からスタートさせることはよほどオプション取引に精通するまでは禁じ手として封じておいた方がよい。

ここまでのオプション取引の解説において、かなり難解な部分が出てきたと感じたかもしれない。特に〝売る権利を売る〟というシチュエーションは、非常にわかりづらく混乱されるかもしれない。ただ、この権利の売買という概念こそがオプション取引の肝となる部分のため、この数ページ分は何度も読み返しながら、十分ご理解いただきたい。

さて、マスクを使ったオプション取引を例に出したが、このように大阪取引所で扱っていなくても、どんなものでもオプション取引の対象になり得る。しかし相対取引はもちろんだが、たとえ大阪取引所で取り扱われていたとしても日経平均オプション以外は実際に自由に取引ができるほど市場が成熟していない。取引がまったくなされない日もあり、十分な取引が期待できない。

日本国債オプションに至っては、日本の中では完全に機関投資家のみの世界で、個人投資家には触らせてもくれない。唯一、日経平均オプションだけはそれなりに取引量があり、個人が自由に取引できる。

だから、日本において個人が行なうオプション取引は「日経平均を買う権利」と「日経平均を売る権利」を取引するものに限られる。この「買う権利」と「売る権利」は、それぞれ専門用語で「コール」と「プット」という。

つまり、「日経平均オプション」の「コール」と「プット」の二つの権利を「買ったり」「売ったり」するのである。

日経平均オプション取引

日経平均株価は日々動いているわけだが、オプション取引ではある時点での日経平均株価がいくらになっているのかを当てようとする。まず、「上がる」と思えば買う権利である「コール」を買う。そして、「下がる」と思えば売る権利である「プット」を買う。オプション取引では、この「コールの買いとプットの買い」で上昇相場、下落相場のどちらでも収益機会を狙うことが可能である。そしてオプション取引では、相場が動かない時も収益を上げることが可能である。それが「コールとプットの売り」だ。コールの売りは、「上がらないだろうという相場の時」に行なう。プットの売りは、「下がらないだろうという相場の時」に行なう。

ただ、ここでもう一度確認しておくと、「権利を売ることには、想定以上の損失が出かねない」という危険が伴う。コールの売りであれば、相場がどんどん上昇して行けば、その分だけどんどん損失が膨らむ。逆も同じで、プットの売りであれば、相場が下がれば下がるほど損失が膨れ上がる。

このように、コールの売りとプットの売りは致命的な損失を出す可能性をはらんでいるため、原則〝禁じ手〟としてひとまず封印しておこう。

「コールの買い」や「プットの買い」を行なうとした際、どのくらい日経平均

オプション取引の基本

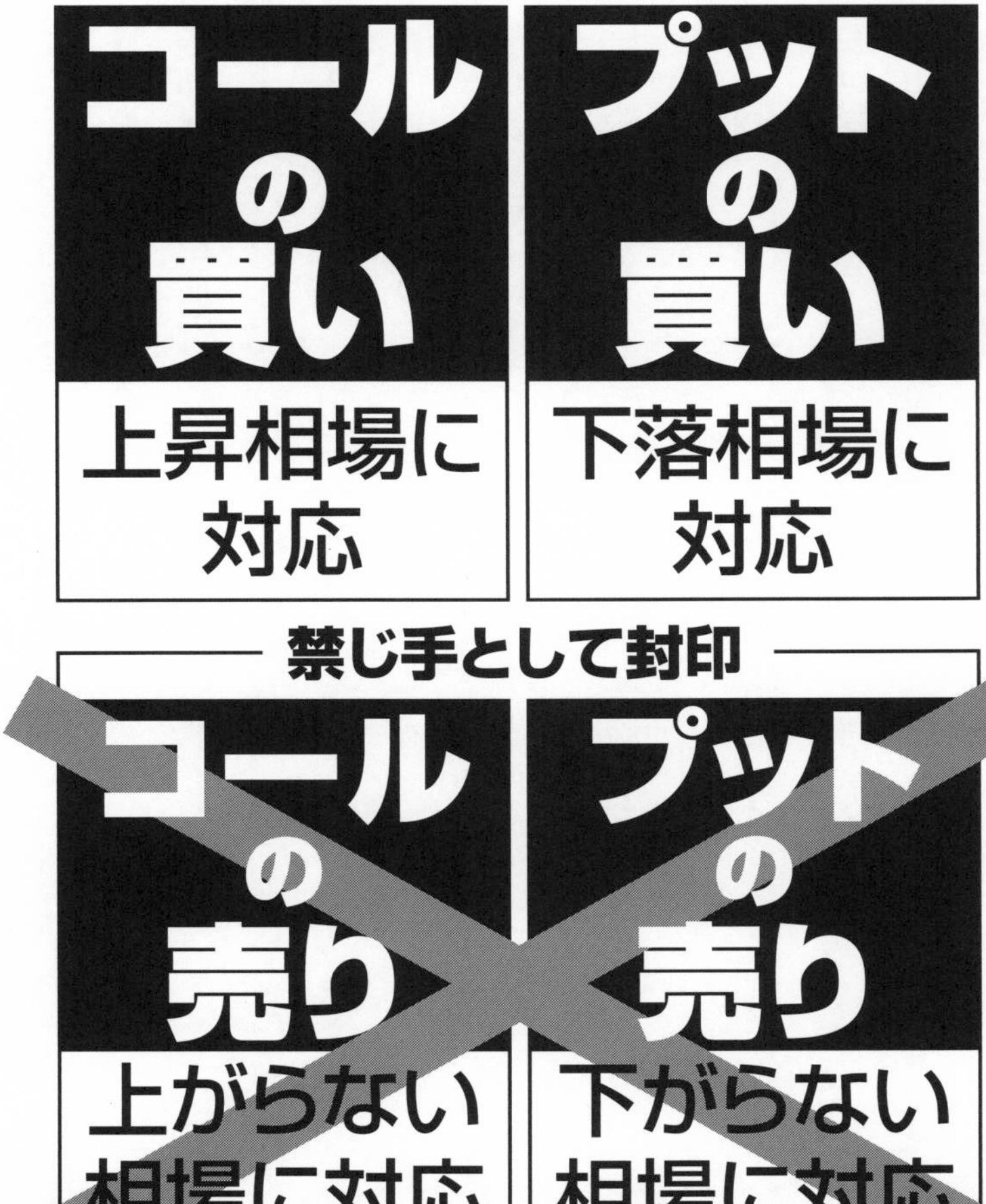
コールの買い
上昇相場に対応
プットの買い
下落相場に対応
禁じ手として封印
コールの売り
上がらない相場に対応
プットの売り
下がらない相場に対応

株価が動くのかを考える。その上で取引するのは、「権利行使価格」と呼ばれる日経平均株価に似た数字である。

権利行使価格は、現在の日経平均株価に近い数字のところでは一二五円刻みで存在する。仮に、現在の日経平均株価が二万二〇五〇円だった場合、権利行使価格はキリのよい二万二〇〇〇円や二万二一二五円、二万二二五〇円と存在する。下に向いては二万一八七五円、二万一七五〇円と、やはり一二五円刻みで存在する。現在の日経平均より価格が五〇〇〇円、六〇〇〇円などとかなり離れると、その刻みは二五〇円、五〇〇円、一〇〇〇円と大きくなる。

たとえば、現在二万二〇五〇円の日経平均株価が今後上昇して行き、ある時点で二万三五〇〇円を超えていると思えば、権利行使価格二万三五〇〇円のコールを買う。反対に、これから下がって行き、ある時点で二万五〇〇〇円を割っているだろうと思えば、権利行使価格二万五〇〇〇円のプットを買う。

この時に出てくる〝ある時点〟とは、オプション取引の決済日のことで、オプション取引では、そこまで持っていると自動的に決済されて、それ以上持つことができない日付が決まっている。専門用語では「ＳＱ日」と呼ぶ。オプション取引ができた頃から、このＳＱ日は「毎月第二金曜日」と決まっていた。それが、二〇一五年から「ウィークリーオプション」と呼ばれる週ごとにＳＱ日（第二金曜日を除いた毎週金曜日）があるオプション取引が登場した。

ただ、ウィークリーオプションはまだまだ参加者が少なく、十分な取引を自由に行なうことができない。そのため、現時点では月ごとのオプション取引だけで十分だから、ＳＱ日は毎月第二金曜日と覚えておけば十分である。ちなみにその日が祝日だった場合には、その前営業日がＳＱ日となる。

大阪取引所では、理屈上では「最長八年後」のＳＱ日のものを今から手がけられるようになっている。しかし、八年後の日経平均株価の値を聞かれても、誰も答えられないだろう。だから、それを取引する人は誰もいない。実際には直近二ヵ月程度の取引が限界で、それを超えると取引が一気に少なくなるので手を出さない方が無難である。

ということは、オプション取引とはこの直近二ヵ月の勝負であり、長期投資ではまったくなく、極めて短期勝負であることがわかる。

ＳＱ日の日経平均株価が、二万三五〇〇円より上がっているだろうと考えれば、権利行使価格二万三五〇〇円のコールを買う。買うのは権利だが、その分の代金を支払う。その代金のことを「プレミアム」と呼んだり、「オプション価格」と呼んだりする。オプション価格は、数円～数百円のものが多い。

ＳＱ日に権利行使価格のラインを（コールでは上に、プットでは下に）超える確率が高いと価格は高く、確率が低いと価格は安い。先ほどの日経平均株価が二万二〇五〇円の時、二万三五〇〇円のコールと三万円のコールとでは、どちらの確率が高いかと言えば、日経平均株価に近い二万三五〇〇円のコールの方だ。だから、三万円のコールよりも二万三五〇〇円のコールの方がオプション価格は高くなる。また、三万円のコールとは日経平均株価を三万円で買う権利だから、日経平均株価が三万円を超えることを期待するものである。数年後であればひょっとするかもしれないが、今の二万二〇五〇円から一、二ヵ月後に三万円を超えることはまず考えられないから、オプション価格は極端に安いはずで、最低金額の一円、または値段が付かない水準であろう。

ここで、ある権利行使価格のオプション価格が仮に二〇円だった時、単純に一〇円玉二枚を支払って権利を購入できるわけではない。日経平均オプションでは、オプション価格の一〇〇〇倍が最低単位の一枚と決まっているので、実際には二〇円×一〇〇〇で二万円と買い付け手数料（証券会社や取引金額によって異なるが一〇万円以内の取引では手数料は最低の二〇〇円ほど）が必要になる。最初にオプション取引では二倍、三倍になる収益機会がごろごろ転がっているとお伝えしたが、それはこの二〇円で買ったオプション価格が二倍の四〇円になったり、三倍の六〇円になったりすることを意味する。

そして、そのように狙った倍率になった時には、SQ日を待たずに反対売買である「決済売り」をして利益を確定するのだ。

さすがに、オプション価格二〇円が一〇〇〇倍になることは見込めないが、一〇〇〇倍であれば今回のコロナショックの際に起きている。また、日経平均株価よりかなり離れたところでは一〇円、五円、一円といった少額のものがあり、このあたりは簡単に二倍、三倍になったりするので、そこで最初は練習することをお勧めする。

その時に気を付けるべきは、繰り返しになるが、原則、取引のスタート時は「買い」で、取引の終了時は「決済売り」である。この順番を逆にして、「売り」からスタートするととんでもないことになるかもしれないので、ひとまず触らないことだ。

ここまでが、オプション取引を行なう上での必要最小限の知識である。オプション取引に必要な知識はまだまだあるが、それは実際にオプション取引をやりながら覚えて行く方法がよい。勉強代として二～三万円を用意して、オプション価格が一桁で数円台のコールまたはプットを買って、しばらくして決済して、と数回繰り返しながら実体験で勉強して行くのだ。

また、お金をなるべく使いたくない、という場合には、実際の練習はほどほどにしてあとはシミュレーションを行なうのである。シミュレーションと言っても脳内で覚えておくだけではなく、「実際に買ったつもり」というわけで①取引開始日、②コールとプットのどちらか、③投資を行なう権利行使価格、④取引時のオプション価格をメモしておくのだ。そして、それだけではなく必ず出口もメモしておく。⑤決済日、⑥決済時のオプション価格、加えて⑦なぜ今回の取引を行なったのか、までメモしておけば、あとから検証することもできる。

実体験やシミュレーションを何度か行ない、仕組みがわかってきたら、今度は額を増やしたりしながらオプション取引を真剣に取り組むのである。

オプション価格を動かす六大要素＋α

オプション取引は、コールとプットの権利をそれぞれ買ったり、売ったりするわけだが、実際に取引するのはその「オプション価格」と呼ばれるものだ。そして、その取引するオプション価格を決める「六大要素」というものがある。この六大要素については少し難しくなるので、初めは読み飛ばしていただいても構わない。おそらく、読んだだけでは何のことかわからないだろう。

オプション取引は、これまでの株式投資のようなものとまったく特徴が異なる。そのため、座学だけで十分な知識を身に付けることは困難である。まずは、少額で実践していただき、慣れてきたところで、再び手に取ってこの「オプション価格を動かす六大要素+α」の部分を読み返してほしい。それを繰り返すことで、オプション取引にとってもっとも重要なオプション価格の動きについても習熟することができるだろう。

では、まず日経平均オプションにおける六大要素を列挙した上で一つひとつ解説しよう。

①現在の日経平均（先物）の価格
②権利行使価格
③これまでの日経平均の上下幅と今後予想される上下幅
④ＳＱ日までの残存日数
⑤金利
⑥配当

さらに追加で三つの専門用語も併せて確認しておこう。その三つとは「ＡＴＭ」「ＩＴＭ」「ＯＴＭ」である。ＡＴＭと言ってもコンビニエンスストアに置いてある現金自動預け払い機のことではない。「アット・ザ・マネー」（At The Money）というオプション取引独自の専門用語だ。そして、「ＩＴＭ」は「イン・ザ・マネー」（In The Money）、「ＯＴＭ」は「アウト・オブ・ザ・マネー」（Out of The Money）のそれぞれ略称である。意味は、その都度出てきた時に説明を加える。

①現在の日経平均（先物）の価格

現在の日経平均の価格が、オプション価格に影響を与えるのは当然だ。日経平均オプションの取引は、ＳＱ時点での日経平均株価を予想する行為である。そのため、その対象となる日経平均の現在の価格はもっとも重要な要素である。

ここで厳密な話をすると、オプション価格を決める要素の一番目は、実は日経平均ではなく「日経平均先物の価格」である。なぜ先物かと言えば、実際に取引が可能だからである。「日経平均」は、日本経済新聞社が選ぶ二二五銘柄から算出された指標だが、それ自体をそのまま取引することはできない。取引できるのは、「日経平均先物」なのである。

日経平均先物は、日経平均から派生して登場したわけだが、そこからさらに派生したものが「日経平均オプション」である。実際の取引では、日経平均先物の損失を限定するために日経平均オプションを利用したり、その逆を行なったりすることもある。このように、日経平均オプションは日経平均先物の影響を常に受けているのだ。

そして、オプション取引においてこの現在の日経平均先物の価格の場所には、特別な名称が付いている。それは「ATM」と呼ばれており、プロの投資家はこのATMの場所のオプション価格がいくらなのかを常にチェックしている。なお、普段は「日経平均先物」と「日経平均」はほぼ連動して推移しているので、一つ目の要素を現在の日経平均の価格と覚えておいても大体正解である。

ATMとITMとOTM

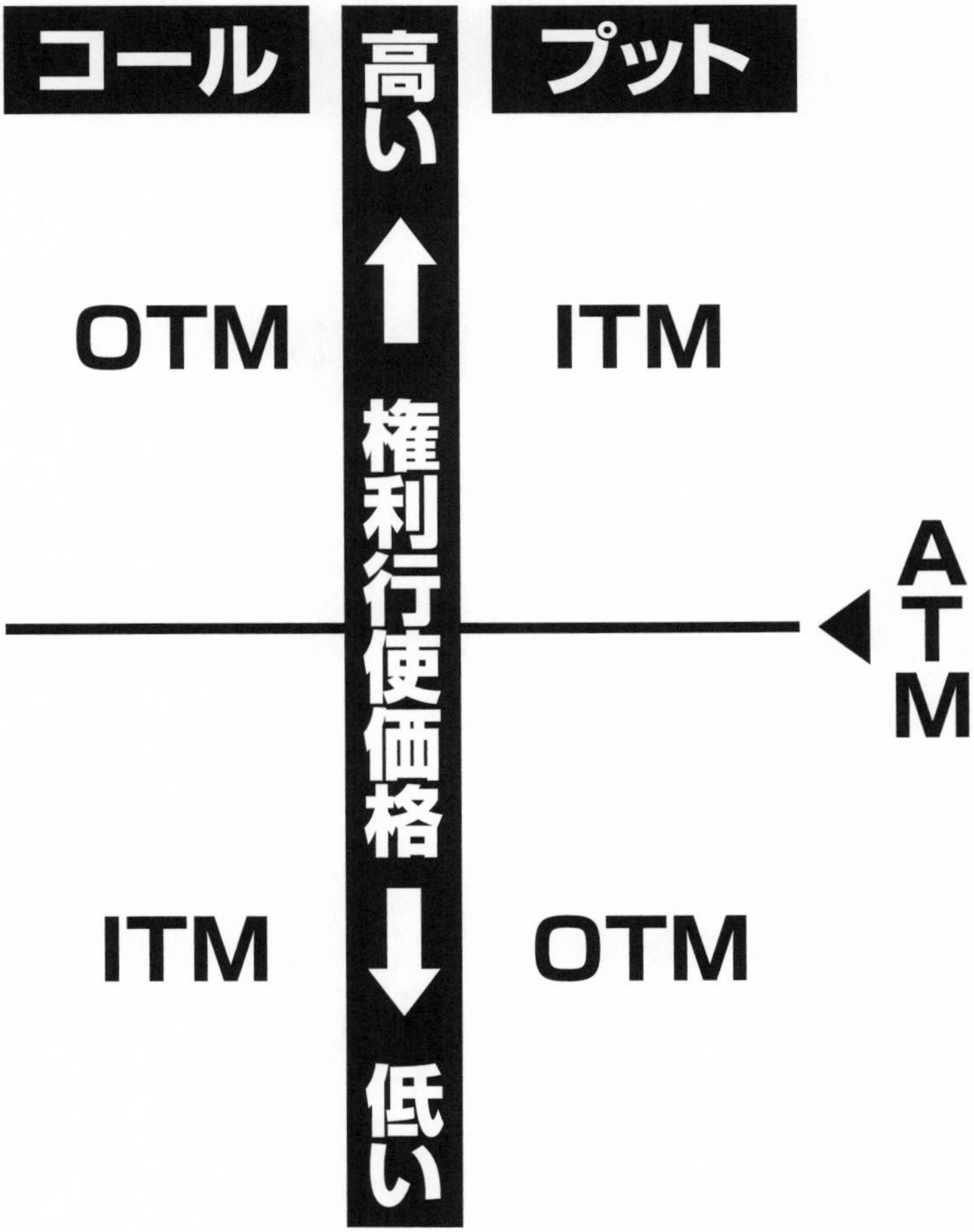

②権利行使価格

権利行使価格についてはすでに取り上げているが、①の現在の日経平均の価格と権利行使価格とがどれだけ近いのか遠いのかで、オプション価格が異なってくる。ここで登場するのがITMとOTMの考え方である。

先ほどのATMは、現在の日経平均（先物）の価格の場所なので細かな数字が存在する。それに対して権利行使価格は、二万二〇〇〇円のようなきれいな数字が並ぶ。ATMの周辺にある権利行使価格は、一二五円刻みでATMから遠くなると二五〇円や五〇〇円、一〇〇〇円と権利行使価格の間に幅ができてくる。そして、ATMよりも上の権利行使価格のコール、またATMより下の権利行使価格のプットは「OTM」と呼ぶ。たとえば、ATMがわかりやすく二万二〇〇〇円だったとして、そこより上の二万二五〇〇円のコールやそれより下の二万一五〇〇円のプットはOTMというわけだ。

これらのコールとプットは、もしATMが動かずにそのままSQ日を迎えてしまった場合、価値が生じない。そのような場所をOTMと呼ぶのだ。逆に、

ＡＴＭより下の二万一五〇〇円のコールやそれより上の二万二五〇〇円のプットは、もしＡＴＭがそのまま動かずにＳＱ日を迎えると今度は価値が生じる。そのような場所を、「ＩＴＭ」と呼ぶ。

権利行使価格とオプション価格の関係は、ＯＴＭの状態で権利行使価格がＡＴＭに近ければ近いほど、オプション価格は高くなる。逆に、権利行使価格がＡＴＭから遠ければ遠いほど、オプション価格は安くなる。これはコールもプットも同じことが言える。ＩＴＭの状態の場合には、ＡＴＭより遠くなればなるほどオプション価格は高くなるが、通常は取引しないのであまり気にする必要はない。

③これまでの日経平均の上下幅と今後予想される上下幅

オプション取引において、〝ブレ幅〟は重要な要素になる。将来の日経平均株価の場所を予想するわけだから、上下一〇〇円程度で動いているのか、それとも一〇〇〇円以上動くのかで、様子がかなり異なるわけだ。

そして、ブレ幅にも二種類存在する。それは、これまでの日経平均の上下幅と今後予想される上下幅だ。前者のこれまでの日経平均の上下幅は、専門用語で「ＨＶ」（ヒストリカル・ボラティリティ）と呼び、わかりやすい。今までの日経平均の動きであり、結果を分析しただけである。そして、もう一つの今後予想される上下幅は「ＩＶ」（インプライド・ボラティリティ）と呼ぶ。これは少しわかりにくいが、オプション価格に直接影響を与えるのは、この「ＩＶ」の方なのである。

通常は、ＨＶとＩＶは相互に影響するわけだが、それが乖離する状態も存在する。たとえば、これまで相場がほとんど動いていなければ、ＨＶは小さくなる。ただ、そんな中で目先に米大統領選挙があり、どう考えても大荒れになりそうだと投資家が警戒した場合、「ＨＶは小さくてもＩＶは大きい」という状態が起こり得るのだ。そして、今後予想される上下幅が大きくなる、つまり、ＩＶが大きくなればオプション価格は高くなり、ＩＶが小さくなればオプション価格も低くなる。

日経平均オプションの価格を動かす6大要素

①現在の日経平均（先物）の価格

②権利行使価格

※①と②が近いと高い
①と②がOTMで遠いと安い

**③これまでの
日経平均の上下幅（HV）と
今後予想される上下幅（IV）**

※IVが大きいと高い、小さいと安い

④SQ日までの残存日数

※残存日数が多いと高く、少ないと安い

⑤金利（大した影響はないため気にしない）

⑥配当（大した影響はないため気にしない）

④ＳＱ日までの残存日数

ＳＱ日までの残存日数が長ければオプション価格は高くなり、日数が短ければオプション価格は安くなる。これは、例を挙げるとわかりやすい。

たとえば現在の日経平均が二万二〇〇〇円だったとして、今から一週間後に半分の一万一〇〇〇円になると考えられるだろうか。ごくわずかの方がそのように考えるかもしれないが、その方は相当な悲観論者で、普通はそうは考えない。ところが、ここから半年後に日経平均が半分になるかと言われると、今はコロナの二番底を警戒する声もあるので、なっても不思議はないと考える人がちらほらと出てくるだろう。すると、ＳＱ日が一週間に迫った一万一〇〇〇円のプットは、ほぼ価値がないわけだが、ＳＱ日が半年後の一万一〇〇〇円のプットは、それなりの価値を持つわけだ。これが、残存日数による影響である。

⑤金利と⑥配当

市場の金利と日経平均の配当もそれぞれオプション価格に影響を与える要素

である。ただし、どちらもそれほど影響がないので、特にこの二つの要素は気にする必要はない。そのため原理の説明は省略するが、簡単に金利については、コールのオプション価格は、金利が上がると高くなり、プットのオプション価格は、金利が上がると安くなる。金利が下がるとこれの逆で、コールのオプション価格は低くなり、プットのオプション価格は高くなる。

配当については、支払われるとコールのオプション価格は低くなり、プットのオプション価格は高くなる。

以上が、オプション価格を動かす六大要素である。オプションとは、最先端の金融工学によって作られたものなのでそれぞれ数式があるのだが、それは感覚で身に付けた方が手っ取り早い。実践しながら、オプション価格がどのように動くのかをしっかり身に付けてほしい。

ネットの知識は必須

この章の最後に、実際にオプション取引を行なう上で、必須になるものをお伝えしておこう。それは、「ネット証券会社の口座」である。

日経平均オプションの取引時間は、日中の九時～一五時一五分と夜間の一六時半～翌朝五時半の二回ある。これを普通の証券会社が電話でカバーすることは極めて困難なため、現状ではほぼすべてネット証券会社の口座を通じて行なうことになる。ご自身の取引がある証券会社に対面や電話でオプション取引を希望しても、「ネットで行なって下さい」「こちらではやっていません」とすげなく返答されてしまうだろう。また、オプション価格の値動きの荒さも、電話などでの取引が敬遠されている理由である。

すでにネット証券会社をお使いの方はもちろんだが、インターネットを使って銀行などとやり取りをしていたり、会員登録した上で旅行の予約などをされたりしている方はまったく問題ない。スムーズに取引を開始できるだろう。一方で、インターネットはやったことがなく、パソコンやタブレット、スマートホンにも触ったことがない人は、最初のハードルはかなり高く感じるだろう。ただ、今回の新型コロナウイルス感染拡大防止のためのテレワーク導入や、キャッシュレス化が進む今の流れなど、昨今インターネット必須の状況がますます増えてきている。そして、これからはインターネットができないことが大きなハンデになりかねない。だから、インターネットに苦手意識を持っている人も、これを機にチャレンジされてみるのがよいだろう。

ここでオプション取引をする上で、どのようなものを用意したらよいかわからないという人のために、道具立ての説明をしておこう。まず用意するべきは、インターネットをするための機材だ。パソコンなのか、それもデスクトップなのか、ノートパソコンなのか。他にもｉＰａｄのようなタブレットやスマートホンなのか。この中でオススメは、タブレットの「ｉＰａｄ」である。しかも、一台ではなく二台持ちたい。もちろんインターネットの回線は必要で、それを自宅や仕事場、そして出先で繋がるようにしたい。自宅には、光回線を引いて「ＷｉＦｉルーター」という機器を置いておくとよい。これで自宅のどこにいても、ｉＰａｄをインターネットに接続できるようになる。仕事場も同じ環境を作れればよいが、難しければ出先と同じでモバイル回線に頼る。

代表的なモバイル回線は、高周波数帯のもので「ＷｉＭＡＸ」（ワイマックス）、低周波数帯で携帯三キャリア（ＮＴＴドコモ、ａｕ、ソフトバンク）の提供する回線がある。高周波数と低周波数とで厳密に言えば特徴が異なるが、ひとまずはご自身が普段から使っているスマートホンから繋げられるようにしておけば、いろいろな機器を持ち歩かなくてよいので便利だ。

なぜ、ｉＰａｄ二台も必要かと言えば、一台は取引用で、もう一台は取引するための情報収集用でチャートなどを映しだす。よくニュースなどでモニターが何台もある証券会社のディーリングルームが放送されたりするが、あそこまで大げさに何台も持ち歩く必要はない。また、スマートホンの画面で足りるのであれば、ｉＰａｄとスマートホンの二台で代用することも考えられる。

また、これはプロ向けになるが、さらに細かな情報が欲しい場合には、情報端末会社と契約することも挙げられる。日本経済新聞系列の情報会社であるＱＵＩＣＫやブルームバーグ、ロイターの端末である。ただ、これには相当コストもかかり、ＱＵＩＣＫで数十万円、ブルームバーグやロイターの場合は一〇〇万円を超えてくるから、よほど集中して取り組む方向けと言える。ちなみに私自身は、ｉＰａｄを三台用意し、自宅では光回線、出先ではモバイル回線で行ない、情報端末はＱＵＩＣＫを入れている。ぜひ、参考にしてほしい。

オプション取引も、インターネットも、最初慣れるまでは大変だが、慣れればどうということはない。一～二ヵ月も悪戦苦闘すれば、誰でもできるようになる。それでいて、身に付いた技術や投資ノウハウは一生ものである。もし、やってみてどうしても合わないとお感じであれば、その時にやめればよいだけの話だ。これほど爆発的な収益を生む運用ノウハウがあるのだから、試さずに諦めるのはもったいない。

いざ、オプション取引に取り組んでみよう。

第五章　一発一〇〇〇倍狙いか、デイトレで年二倍（一〇年で一〇〇〇倍）狙いか

道具の使い方は一つにあらず

突然だが、ここでクイズを出題しよう。本多忠勝、直江兼続、福島正則、加藤清正、前田利家、後藤基次——これら戦国武将に共通するものとは何だろうか。これらの名前を見てパッとすぐに答えがわかった人は、なかなかの戦国通だろう。彼らの他に、可児才蔵や渡辺守綱、後藤又兵衛などの名前も挙げられるようなら、筋金入りの「戦国オタク」と言ってよいかもしれない。

もったいぶらずに答えを明かそう。彼らはいずれも「槍の名手」と呼ばれた武将たちだ。本多忠勝は「徳川四天王」として数々の武勲を上げたが、その愛槍も有名だ。「蜻蛉切」という名のそれは、穂先（刃先）に止まった蜻蛉が真っ二つになったという逸話を持つ。加藤清正は、秀吉の朝鮮出兵に際して虎退治をした逸話が有名で、その際に用いた十文字槍の鎌が虎に食い折られ片鎌となったことから、「片手鎌」が清正のシンボルになったといわれる（なお、この逸話は後世の創作らしい）。前田利家は信長、秀吉に仕えた加賀百万石の大大名だが、「槍の又左」という仇名を持つほどの槍の名手であった。直江兼続、後藤基次は、本多忠勝と共に秀吉に「日本槍柱七本」と称賛された槍の名手であるし、福島正則はその猪突猛進の戦いぶりで「秀吉の一番槍」と呼ばれた武将で、名槍「日本号」の持ち主でもあった。しかし、その大事な槍を黒田家家臣の母里友信に呑み取られてしまうという、残念な逸話も残している。

戦国時代に多くの槍の名手が生まれたのは、武器として当時極めて重宝されたからに他ならない。そして実は、私たちが槍に対して想像するのとはかなり違う様々な使われ方をしていたことがわかっている。

通常、槍と言えば敵を「突く」武器というイメージを思い浮かべるが、実は敵を「叩いて」攻撃するという使い方もされていたのだ。最前線で戦う下級の武士たちは、六メートル超もの長さの「長柄《ながえ》」という槍を使っていた。オリンピックの槍投げで使う槍が二メートル程度であることを考えれば、いかに長いものを使っていたか想像できるだろう。彼らは隊列を組んで進軍すると槍の届く距離まで接近し、一斉に槍を振り下ろして敵を攻撃したのだ。「長い棒で叩く」というと一見地味ではあるが、敵を「突く」という動きは存外難しく修練が必要だ。その点、「叩く攻撃」であれば腕力に任せて振り下ろすだけなので、練度の低い下級武士でも有効に機能したことだろう。

一方で、これが武将クラスになると、馬上で槍を持つため二メートル程度と短め（馬上で使うならそれでも長いが）のものがよく用いられたという。さらに短い「手槍《てやり》」というものもあり、これは狭い場所で主に敵を叩いて攻撃した。また、戦況によっては槍を投げて攻撃したり、さらに進軍に際しては二本の槍で梯子《はしご》を作ったり、担架の要領で布を張ってものを運んだり、川や堀の深さを調べたり、少し広い川を棒高跳びの要領で飛び越えたりと、実に様々な使い道があった。

さて、なぜ長々と槍の話をしたのかというと、「モノにはいろいろな使い方がある」ということに改めて思いを致してほしかったからだ。本書は「日経平均オプションを使った投資」をテーマにここまで進めてきたが、槍という武器一つとっても実に様々な使い方があるように、「オプション取引」にも様々な使い方、すなわち投資の仕方があるということだ。

オプション取引の銘柄による性質の違いに着目

前章までお読みいただいた読者の皆さんには、「オプション取引」の基本用語が少しずつ頭に定着してきているかもしれない。ここから先は、その基本知識を理解している前提で、様々な使い方の例をざっと見て行く。もし、用語の意味や説明の内容がわからなくなったら、前章に戻って再確認しながら、あるいは二〇四ページからの「オプション取引用語集」を確認しながら読み進めていただきたい。

ここで今一度、オプションの基本原理をごく簡単に振り返っておく。

■日経平均オプションの取引では、「コール」（買う権利）と「プット」（売る権利）を売り買いして利益を目指す

■「コール」「プット」、いずれもたくさんの「権利行使価格」が設定されており、それぞれが独立した銘柄として売買される
■「コール」は、基本的にどの権利行使価格の「コール」であっても日経平均株価が上昇すると価格が上がる傾向となる
■逆に「プット」は、どの権利行使価格の「プット」であっても日経平均株価が下落すると価格が上がる傾向になる
■日経平均株価が急変動すると、オプションの価格も極端に動く。たとえば、日経平均が暴落すると「コール」の価格は急落し、「プット」の価格は大暴騰する
■逆に日経平均が急騰すると「コール」は急騰し、「プット」は急落する

ここでもう一つ、オプションの大切な基本原理についてここで解説して行こう。第四章では、日経平均が二万二〇五〇円の時に権利行使価格が二万三五〇〇円のコールと三万円のコールの価格の違いを説明した。向こう一ヵ月で、日経平均が二万三五〇〇円に到達する確率に比べて三万円に到達する確率は極め

日経225オプション　銘柄と価格

日経225オプション　限月：20年7月限						
コール			権利行使価格	プット		
売気配	買気配	現在値		現在値	売気配	買気配
5	4	5	23,625	——	1,600	1,340
7	6	7	23,500	——	1,380	1,230
10	8	9	23,375	——	1,360	1,100
13	12	13	23,250	——	1,130	985
19	18	18	23,125	——	1,010	860
28	26	28	23,000	——	810	645
40	39	40	22,875	——	775	635
58	57	58	22,750	550	735	445
85	83	85	22,625	390	575	345
125	120	125	22,500	420	390	375
175	165	175	22,375	295	310	305
230	225	230	22,250	230	245	240
305	300	310	22,125	190	195	190
395	360	385	22,000	145	150	145
530	405	——	21,875	110	120	115
635	415	——	21,750	92	93	92
740	505	——	21,625	71	74	73
805	785	790	21,500	57	59	58
960	720	——	21,375	45	47	46
1,040	1,010	1,000	21,250	37	38	37
1,200	935	——	21,125	29	32	30
1,280	1,250	1,290	21,000	25	26	25
1,440	1,170	——	20,875	21	22	21
1,560	1,290	——	20,750	18	19	17
1,680	1,520	——	20,625	15	16	15
1,800	1,640	——	20,500	13	14	13

これが一つのオプション銘柄

「七月限プット二万二六二五円」これが現在三九〇円で売買されている

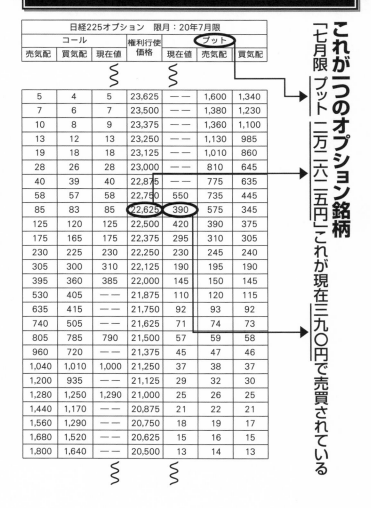

て低いため、二万三五〇〇円のコールは高い価格で、三万円のコールはそれに比べてかなり低い価格で取引される。

では、この時他の権利行使価格、たとえば二万二五〇〇円のコールはどれくらいの価格で取引されるだろうか。二万三五〇〇円に比べてもより到達確率は高いから、当然それより高く取引されることになる。一方、二万六〇〇〇円のコールはといえば、二万三五〇〇円のコールより確率は低いけれど三万円のコールよりは確率が高いから、二万三五〇〇円のコールよりは安く三万円のコールよりは高く取引される。要約すると、こういうことだ。

■今の日経平均株価を基準にして、高い権利行使価格の「コール」ほど安値で、安い権利行使価格の「コール」ほど高値で取引される

この原理は、「プット」についても同様だ。ただし、「コール」とは逆になることに注意だ。

■今の日経平均株価を基準にして、安い権利行使価格の「プット」ほど安値で、高い権利行使価格の「プット」ほど高値で取引される

しかしながら、実際に私たちがオプション取引する際には、設定されているすべての銘柄を売買対象にするわけではない。第四章では、「イン・ザ・マネー」（ＩＴＭ）、「アット・ザ・マネー」（ＡＴＭ）、「アウト・オブ・ザ・マネー」（ＯＴＭ）という用語を説明した。どんな意味だったか忘れた方は、今一度第四章に戻って復習していただきたいが、簡単にまとめると次のようになる。

■アット・ザ・マネー（ＡＴＭ）
日経平均株価にもっとも近い権利行使価格（のコールとプット）を「アット・ザ・マネー」と呼ぶ

■イン・ザ・マネー（ＩＴＭ）
アット・ザ・マネーより安い権利行使価格のコール、およびアット・ザ・マネーより高い権利行使価格のプット

■アウト・オブ・ザ・マネー（ＯＴＭ）
アット・ザ・マネーより高い権利行使価格のコール、および安い権利行使価格のプット

これらのうち、ＩＴＭの銘柄を使って収益を狙うというのはあまりない。また、ＡＴＭの銘柄もあまり取引対象にはしないが、ＡＴＭは相場全体の中心点のような目安の役割をするため、必ずここに注目するものだ。

オプション取引の主戦場は、もっぱらＯＴＭということになる。そして、このＯＴＭの数ある銘柄にも呼び方が存在する。これから説明するいくつかのシナリオでは、表記を簡便にするため新たに二つの用語を使って行く。それは、「ファー」と「ニア」だ。「ファー」とは英語の「ｆａｒ」で、「遠い」という意味だ。「ニア」は英語の「ｎｅａｒ」で、「ファー」の逆、つまり「近い」という意味だ。

オプションの銘柄は、たくさんの権利行使価格の「コール」と「プット」でできているが、それぞれの銘柄は今しがた説明したように値動きの性質に違いがある。つまり、どの権利行使価格を使うかによって投資の仕方、利益の狙い方が違うということだ。

そこで、今の日経平均株価（ＡＴＭ）に近い権利行使価格の銘柄を「ニア」、

オプションにおける「ニア」と「ファー」

ニア

「近い」という意味

今の日経平均（ATM）に近い権利行使価格の銘柄

ファー

「遠い」という意味

今の日経平均（ATM）からは遠い権利行使価格の銘柄

逆に遠いものを「ファー」と表現して区別するのである。

一六五ページの図を見れば一目瞭然だが、「ニア」の「コール」や「ニア」の「プット」は、一枚の単価が数百円（つまり実際の取引価格は数十万円）と高く、逆に「ファー」であれば「プット」も「コール」も単価が数円（実際の取引価格は数千円）となる。

では、これらのことをしっかりと頭に定着させながら、具体的なシナリオを見て行こう。

シナリオ①　一発一〇〇〇倍！「待ち伏せ作戦」

第一章でもお話した通り、オプションには数年に一度大きな収益局面がある。それは、日経平均が数年に一度極端に大きな値動きをするために起きるわけだが、そうしたタイミングに取引をかけて極めて大きな倍率の利益を目指すのが、「ファープットの買い」だ。

オプション銘柄の「ニア」と「ファー」

日経225オプション　限月：20年7月限						
コール			権利行使	プット		
売気配	買気配	現在値	価格	現在値	売気配	買気配
1	――	――	28,000	――	5,980	5,720
1	――	――	27,750	――	5,730	5,470
1	――	――	27,500	――	5,480	5,210
1	――	1	24,750	――	2,730	2,470
1	――	1	24,625	――	2,600	2,340
1	――	1	24,500	――	2,480	2,220
1	――	1	24,375	――	2,350	2,080
1	――	1	24,250	――	2,120	1,970
2	1	2	24,125	――	2,100	1,830
3	2	2	24,000	――	1,870	1,720
40	39	40	22,875	――	775	635
58	57	58	22,750	550	735	445
85	83	85	22,625	390	575	345
125	120	125	22,500	420	390	375
175	165	175	22,375	295	310	305
230	225	230	22,250	230	245	240
305	300	310	22,125	190	195	190
395	380	385	22,000	145	150	145
530	405	――	21,875	110	120	115
635	415	――	21,750	92	93	92
740	505	――	21,625	71	74	73
805	785	790	21,500	57	59	58
960	720	――	21,375	45	47	46
1,040	1,010	1,000	21,250	37	38	37
3,180	2,900	――	19,125	4	5	3
3,280	3,130	――	19,000	5	4	3
3,430	3,150	――	18,875	4	4	3
3,530	3,380	――	18,750	3	3	2
3,710	3,450	3,580	18,625	3	3	2
3,780	3,520	――	18,500	3	3	2
3,910	3,750	――	18,375	4	3	2
4,030	3,770	――	18,250	2	3	2
4,160	3,900	――	18,125	2	3	1
4,280	4,020	――	18,000	2	2	1
4,410	4,160	――	17,875	2	2	1
4,530	4,270	――	17,750	1	2	1
4,660	4,410	――	17,625	2	2	1
4,780	4,520	――	17,500	1	2	1
4,910	4,660	――	17,375	2	2	1
10,280	10,020	――	12,000	――	1	――
11,290	11,020	――	11,000	――	1	――
12,290	12,020	――	10,000	――	1	――
13,290	13,020	――	9,000	――	1	――
14,280	14,020	――	8,000	――	1	――

この辺がファーコール

この辺がニアコール

ここが日経平均に一番近い銘柄。ここからどれだけ権利行使価格が離れているかで「ニア」(近い)「ファー」(遠い)と呼ぶ。

この辺はニアプット

この辺からはファープット

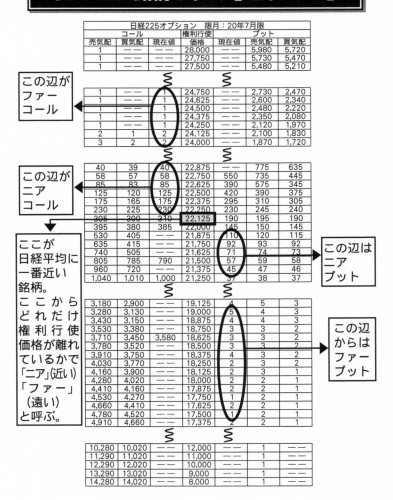

第一章の例では、二〇二〇年三月の「コロナ暴落相場」で三月限のプット一万八〇〇〇円が一円（二月二〇日）～九四七円（三月一三日ＳＱ）にまで暴騰している。実は、このプット一万八〇〇〇円が一円を付けていた二月二〇日、日経平均は二万三四七九円（終値）だった。この時は、誰もその後大暴落がくると思っていなかったため、四五〇〇円以上もかけ離れていたこの銘柄には一円という値段しか付かなかったわけだが、その後の暴落によって一気に価値が上がったという次第だ。つまり、二月二〇日時点で「ファープット」だったプット一万八〇〇〇円が、九四七倍という超大化け銘柄になったわけだ。

同様に、リーマン・ショックの時にも超大化け銘柄が誕生した。その銘柄とは、「二〇〇八年一〇月限のプット九二五〇円」だ。二〇〇八年九月一日時点でこの銘柄は安値が一円というまさに「紙キレ」同然だったが、それもそのはず、この日の日経平均は一万二八三四円で、「ファープット」と呼んでよい状態だったのだ。それが九月一五日のリーマン・ショックを境に株価は暴落を始め、一〇月一〇日（ＳＱ日）には日経平均が八二七六・四三円と九〇〇円以上も下げ

2020年7月2日15時少し前の日経225オプション

日経225オプション　限月：20年7月限						
コール			権利行使価格	プット		
売気配	買気配	現在値		現在値	売気配	買気配
5	4	5	23,625	——	1,600	1,340
7	6	7	23,500	——	1,380	1,230
10	8	[illegible]	23,375	——	1,360	1,100
13	[illegible]	[illegible]	23,250	——	1,130	985
19	18	18	23,125	——	1,010	860
28	26	28	23,000	——	810	645
40	[illegible]	[illegible]	22,875	——	775	635
58	57	[illegible]	22,750	550	[illegible]	445
85	83	[illegible]	22,625	[illegible]	[illegible]	345
125	120	125	22,500	[illegible]	[illegible]	375
175	165	175	22,375	[illegible]	[illegible]	305
230	225	230	22,250	[illegible]	[illegible]	240
305	300	310	22,125	190	[illegible]	[illegible]
395	360	385	22,000	145	150	145
530	405	——	21,875	110	120	115
635	415	——	21,750	[illegible]	[illegible]	92
740	[illegible]	[illegible]	21,625	[illegible]	74	73
805	[illegible]	[illegible]	21,500	57	59	58
960	[illegible]	[illegible]	21,375	[illegible]	47	46
1,040	[illegible]	[illegible]	21,250	[illegible]	38	37
1,200	935	——	21,125	29	[illegible]	30
1,280	1,250	1,290	21,000	[illegible]	[illegible]	25
1,440	1,170	——	20,875	21	22	21
1,560	1,290	——	20,750	18	19	17
1,680	1,520	——	20,625	15	16	15
1,800	1,640	——	20,500	13	14	13

アウト・オブ・ザ・マネー（OTM）

イン・ザ・マネー（ITM）

イン・ザ・マネー（ITM）

アウト・オブ・ザ・マネー（OTM）

前日の日経平均終値が22121.73円のため、ここが「アット・ザ・マネー」

た。結果、この銘柄はＳＱ値七九九二・六〇円で清算され、約一二五〇円の利益（実際にはその一〇〇〇倍の約一二五万円）となったのである。

これよりもさらにすさまじい大化け銘柄が誕生したのは、二〇一一年の東日本大震災の直後に起きた株価の瞬発的急落の時だ。福島原発事故により放射線量の異常上昇が報じられると、今後の震災復興に深刻な暗雲が立ち込め、市場は一気に悲観に包まれ株式が一気に売り込まれた。三月一〇日に一万五〇〇〇円台だった日経平均は、一五日には八二二七円の安値を記録した。この時、四月限のプット七〇〇〇円は三月一一日の一円～一五日に一三四〇円（一三四〇倍）を付けたのだ。

余談だが、一般的に地震や火山噴火などの天災は予測ができず、投資においては「不測の事態」として考慮から外すしかない。しかし日本は、地震・火山・台風大国であり、長期的には地震などの発生確率も見積もられている。となれば、そうした突発的事象を「確率」としてとらえ、投資機会として活かす方法も十分検討に値するだろう。

また、こうした「天災トレード」の話をすると「人の不幸を投資に使うなんて」という向きもあろうが、それでも相場（そして経済も）は動き続けるし、その営みが復興にもつながる。むしろ天災をも機会に変え、貪欲に利益をつかみ取るべきだ。そして利益を得た暁には、それを社会に還元すればよい。

話を戻そう。この他にも、二〇一八年二月初旬に起きた株価急落（ＶＩＸショック）で大化け銘柄が誕生した。直前まで「棒上げ」に近かったニューヨークダウにつられて、日経平均も二〇一七年の後半から急速に株価が上昇、一万九〇〇〇円台から一気に二万三〇〇〇円台をうかがう展開となっていた。しかし二月五日、米雇用統計の予想以上の好調と賃金伸び率により、早期利上げ観測が広がったことで米国株が急落。これを受けて、日経平均も急落したのである。あまりに早い株価上昇ペースが逆に仇となり、下落も非常に急速なものとなったのだ。この急落により、二〇一八年二月限のプット二万一五〇〇円は一月二九日に付けていた一円からわずか六営業日後の二月六日には終値で六四〇円という大化けとなった。

数百倍～一〇〇〇倍超えという「超大化け銘柄」は、そのあまりにも爆発的な収益性ゆえ、そうそう誕生しないのではないかと思われるかもしれないが、こうして実例を見て行くとわかる通り、意外なことに結構頻繁に生まれている。過去の価格をつぶさに見て行くと、数年に一度はこうした大きな銘柄が誕生しており、さらに言えば数十倍程度の「大化け銘柄」であれば、もっと頻繁に誕生しているのだ。

もちろん、暴落によって化ける「ファープット」だけでなく、短期的な急騰によって「ファーコール」が化ける局面もある。第二章で紹介した「一〇〇万円を三週間で四億円にした男」は、まさに「ファーコール」の大化けによって四〇〇倍の利益をつかんだ好例である。

また、二〇一四年一〇月末に日銀の追加金融緩和（通称「黒田バズーカ２」）がサプライズ発表された際には、一万四〇〇〇円台で揉み合っていた株価が急上昇し、翌一五年の六月には二万八六八円まで急伸したが、この時には一一月限のコール一万七〇〇〇円が大化けした。一〇月一日に一円だったこの銘柄は、一〇月末の黒田バズーカ発表で急騰し、一一月一四日のＳＱでは一万七五四九・六〇円のＳＱ値が付いた。つまり五四九円の清算を受け取ったわけで、実に五四九倍という結果である。

さらに遡ると二〇一二年一二月、安倍政権が誕生し「アベノミクス」が始動したことで八〇〇〇円台で推移していた日経平均が爆騰を始めたが、この時にもすさまじい「大化け」銘柄が誕生した。それは、一月限のコール一万五〇〇〇円で、当時の野田政権が総選挙に踏み切る前の一一月一二日には一円を付けていたが、一六日に衆議院解散が決まるとにわかに上昇した。その後、一二月に自民党が総選挙に圧勝すると、「アベノミクス」始動による株価浮揚期待が急速に持ち上がり、日経平均の急上昇につられてこの銘柄もさらに上昇した。結局、翌一月七日に三三五円という最高値を付け、見事に大化けを果たしたのだ。

ちなみに、この銘柄のＳＱは一月一一日で、ＳＱ値が一万七七一円であったから仮に途中決済せずＳＱに持ち込んだとしても一万七七一円－一万五〇〇〇円＝二七一円の清算を受けられたわけで、かなり長いこと「美味しい」銘柄だったわけだ。

さらに遡ると、二〇〇三年にもコールの大化け銘柄が誕生している。当時、SARSの世界的流行やアメリカのイラク侵攻といった情勢下で、五月～七月にかけて株価が急上昇する局面があり、これが要因となった。この時の銘柄は七月限のコール九五〇〇円で、なんと五七五倍という極めて高い倍率を叩き出している。一般的に「コールはプットに比べて高倍率が出にくい」が、この銘柄は並の「大化けプット」顔負けのすさまじい収益を叩き出したと言える。

このように、数年単位でこれだけ大きなチャンスに巡り合えるわけで、これを使わない手はないだろう。特に現在は、「コロナショック」後の不安定な相場であり、米大統領選、五輪の開催可否、コロナ第二波をはじめ、次なる暴落の火種に事欠かない。取引価格が一～数円程度の「ファープット買い」が、がぜん面白くなってくる。

ただし、まったく無策にただ「ファープット」を買い漁っても、大きな利益を上げることはできないだろう。そもそも「ファープット」とは、到達確率が極めて低い権利行使価格のプットである。どういうことかというと、「大化けする確率はかなり低いが、代わりに大化けするととんでもない利益になるのが妙味」ということだ。よって、単価数千円から始められるとはいえ、累積すればあっという間に数十万～数百万円の損失となることもあり得る。

さらにオプションとは、買って放置しておけば利益が取れるものではなく、半分以上の銘柄は間違いなくＳＱ日に「紙キレ」として清算される運命にある。株式ならば、株価が下がっても何年も保有して待つことができるが、オプションは「限月」という賞味期限があり、必ず「なくなってしまう」商品なのだ。

特に「ファープット」は、ある時期価格が暴騰してもＳＱ日には無価値になっていることがほとんどである（なぜそうなるかは、オプションをより詳しく理解すれば当然のようにわかってくる）。したがって、「ファープット買い」の作戦では、ひとたび安値で買ったら日経平均の暴落によって暴騰した瞬間に「決済売り」を行ない、自分で利益を確定しなければいけないのだ。

このように聞くと、「相場に一日中張り付いて利益を狙うなど、とても自分ではできないな」とお思いになるかもしれないが、実はそんなことはない。証券取引では、「指値売り」といって「〇〇円まで値段が上がったら売る」という条件付き注文を入れることができる。目指す倍率まで価格が上がったら、勝手に注文して利益確定してくれる仕組みがあるのだ。どの「ファープット」にいくらの指値を入れるかは、経験や考え方が必要となるが、その気になれば次なる大恐慌の相場を大チャンスに変えることは、決して限られた人だけにしかできないことではないのだ。

この作戦の、大雑把な実践アイデアも簡単に触れておこう。名付けて「ファープット待ち伏せ作戦」だ。やり方はシンプルで、毎月決まった軍資金を用意し、ファープットを買い続けるだけだ。もちろん、指値売り注文は入れておくわけだが、たとえば毎月一円の「ファープット」を一〇枚（つまり一万円分）買い、一〇〇〇円の指値売りを入れる。仮に一〇年に一回、一〇〇〇倍の銘柄が出るとすれば総額で一二〇万円を投じるわけだが、一度でも当たれば一〇〇〇万円になって返ってくる。収益率にして八倍強である。「宝くじ」的ではあるが、一七六〜一七七ページのチャートを見れば一目瞭然、歴史を紐解けば一〇年に一度どころではなくチャンスが転がっているわけで、宝くじよりよほど当選確率は高い。

もちろん、ここで挙げたアイデアを具現化するには当てずっぽうではダメで、きちんとオプションを勉強する必要はあるが、毎月宝くじを買うこととは比べものにならないほど取り組みがいのある投資になるだろう（ちなみに宝くじの還元率は四七％くらいしかないので、もし総額一〇〇〇万円まで買い続ければ、手にする当選金は確率的にはほぼ四七万円になる）。

もう一つ、大雑把なアイデアを紹介したい。株価暴落待ちの「ファープット買い」作戦だけでなく、「ファーコール」を使った作戦もある。株価急落後には往々にして大きな株価の戻りが発生するが、その反騰直前のタイミングで「ファーコール」を仕込むのだ。名付けて「ファーコール反騰狙い撃ち作戦」だ。第二章の「一〇〇万円を四億円にした男」も、ＰＫＯ（プライス・キーピング・オペレーション）によって直前までの下落相場が反騰する局面を利用した。

数百倍の「大化け銘柄」が誕生する!!

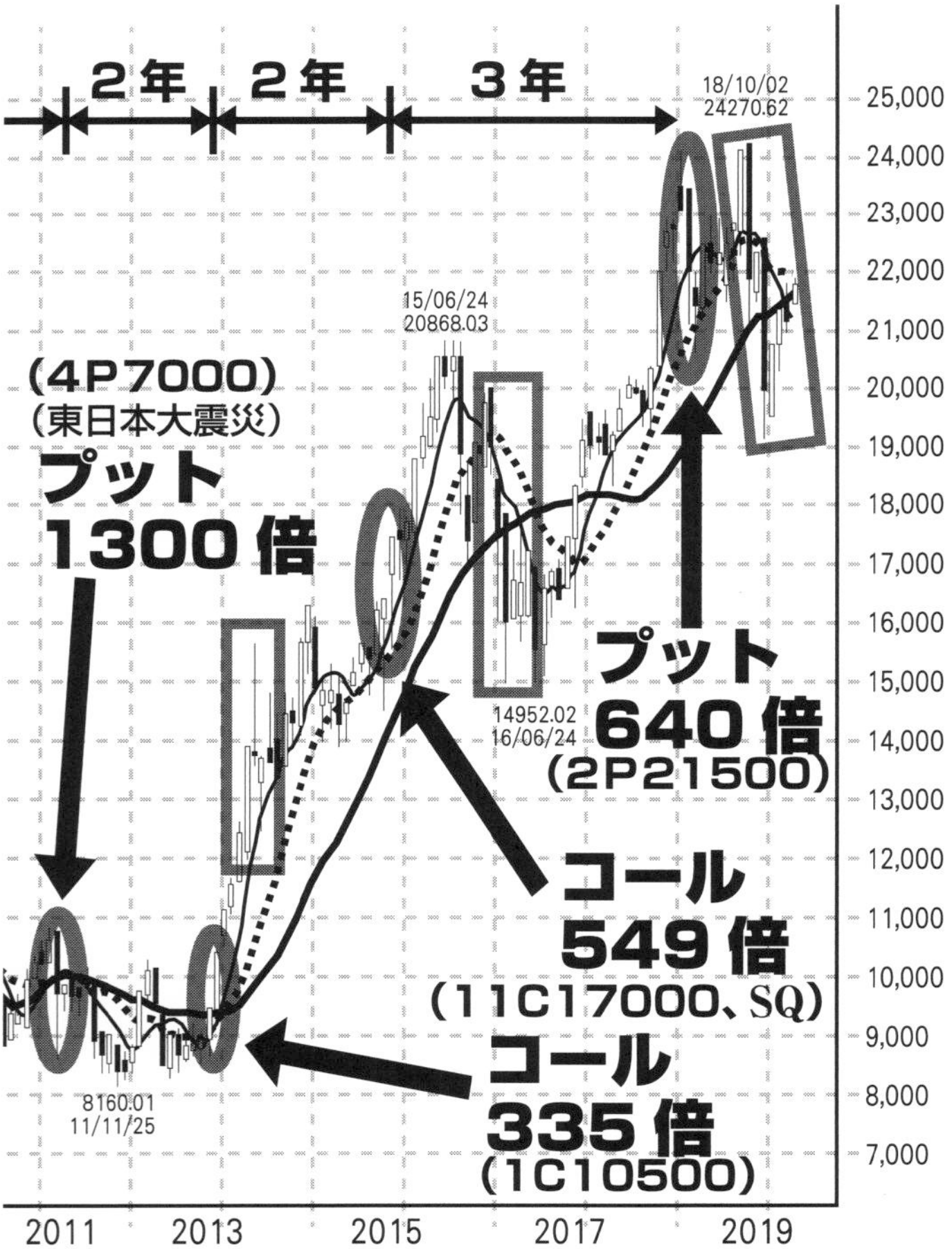

2年
2年
3年
18/10/02
24270.62
15/06/24
20868.03
(4P7000)
(東日本大震災)
プット
1300倍
プット
640倍
(2P21500)
14952.02
16/06/24
コール
549倍
(11C17000、SQ)
コール
335倍
(1C10500)
8160.01
11/11/25
25,000
24,000
23,000
22,000
21,000
20,000
19,000
18,000
17,000
16,000
15,000
14,000
13,000
12,000
11,000
10,000
9,000
8,000
7,000
2011
2013
2015
2017
2019

©浅井隆 / 第二海援隊

日経平均オプションなら、2、3年に一度は

日経平均株価 225 種（101/T）月足 2000/05 ～ 2019/04【228 本】ロウソク足

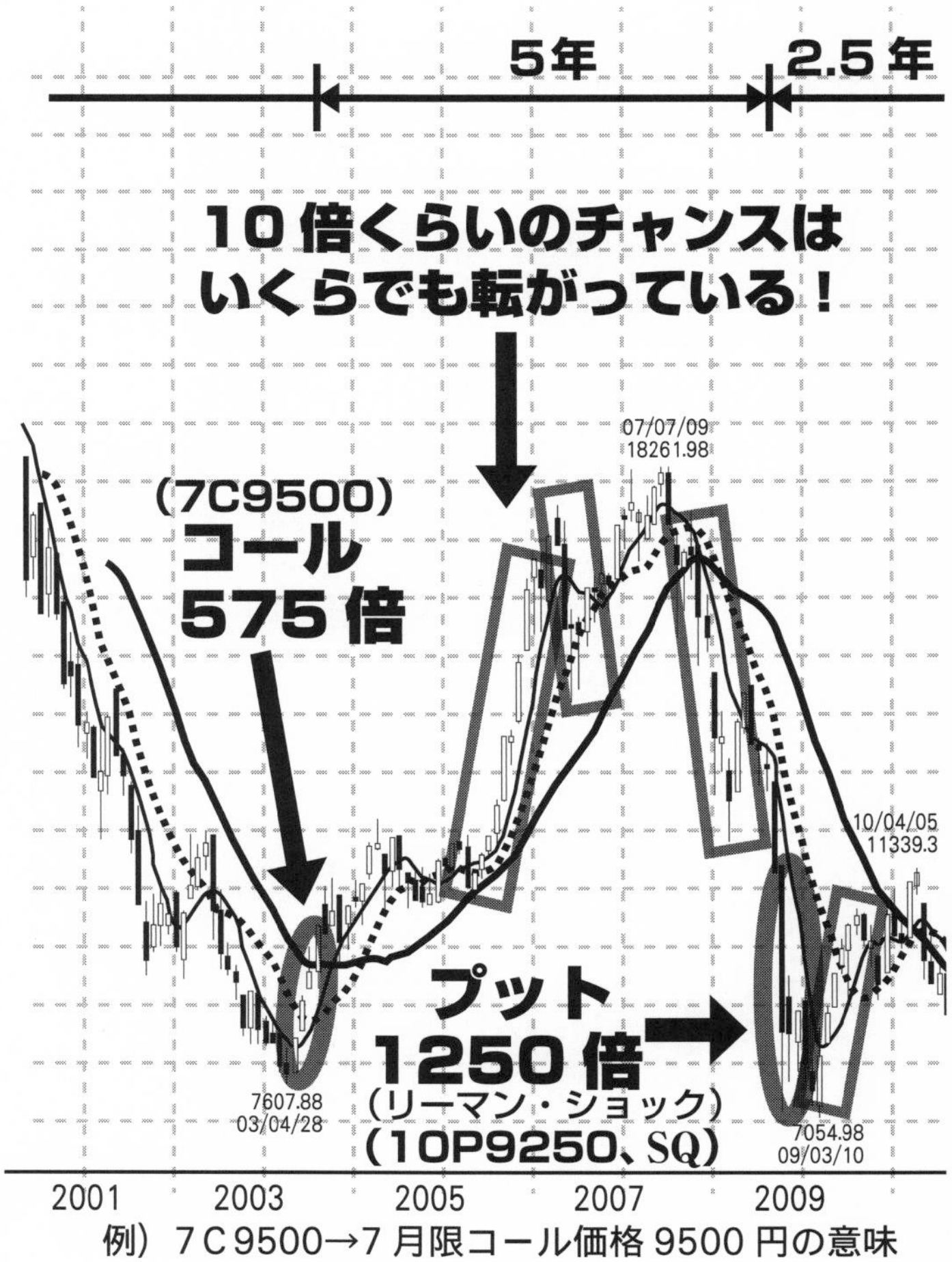

例）７C 9500→７月限コール価格 9500 円の意味

また、前回の「コロナ暴落相場」後の反騰でもそのチャンスはあった。四月限のコール二万一七五〇円は、日経平均が底値近辺となった三月一九日に最安値四円を付けたが、その後の相場急反発によって三月二六日（夜間）には最高値一〇〇円にまで急騰し、収益機会を作った。

「ファーコール」を使った作戦は、「ファープット」と違って常にポジションを取る必要がない。日経平均が暴落した時だけ注目しておき、底値を探って買い下がって行けばよいのだ。ただ、もくろみが当たって相場が反転急騰しても、「ファーコール」は「ファープット」ほどには大化けしない。あまり高値を深追いせず、ほどほどのところで利益確定するのが賢いやり方だ。また、相場急落後に相場が反転する保証もない（可能性は比較的高いが）わけで、うまく収益が取れなさそうだと判断したら即座に損切り、撤退をすることが極めて重要だ。

実はこうした「利益確定か深追いか」、あるいは「継続か撤退か」といった判断こそ、オプションの知識をがっちり固め、ある程度経験を重ねなければおぼつかない部分である。「わけもわからず初めて買った銘柄が、値上がりして利益になった」というような「ビギナーズラック」は、株の世界ではまれに見かけるが、オプションの世界では「まぐれ当たり」はまずない。きちんと勉強し、妥当な銘柄を妥当な価格で売り買いすることこそが基本であり、成功の王道だ。

シナリオ②　コツコツと年二倍を目指す「デイトレ作戦」

「ファープット」「ファーコール」を使って、大相場で大化けを狙うやり方を見てきたが、二つ目はまったく違うアプローチでオプションを使う方法を見て行こう。「日常的な市場の上下動を使った方法」だ。

株式市場は、不規則ながら上げ下げのリズムがある。長期～短期までの様々な時間軸で市場をとらえると、いずれの時間軸でもそうした値動きの上下動があるわけだが、この中でも株式市場の短期的な上下動がオプション取引においては重要だ。短期間に急激に株価が変動することはあまりないが、もし急変動すればシナリオ①で見たように利益の確率が低い「ファー」のものでも大きく価格が上昇し利益が得られる。

一方、平時の小幅な動きもそれに応じた価格変動を見せるのが日経平均株価に近い権利行使価格の銘柄、すなわち「ニアコール」や「ニアプット」だ。これらはちょっとした株価の上下動にも反応し、一日の間でもかなり大きな値動きを見せることがある。その価格差を利用して利益を目指す方法が、名付けて「コツコツで年二倍　デイトレ作戦」だ。

まずは実際、平時でどの程度「ニアコール」や「ニアプット」が動くのか、その値動きを少し見て行こう。二〇二〇年七月二日の日経平均株価は、二万二一四五円と前日比二四円の小幅上昇であった。この日は先日終値の二万二一二一円～六一円高い二万二一八一円で始まったものの、高値が二万二二六七円、安値が二万二〇七二円と目立った大動きを見せないまま終わっている。日経平均の動きとしては、言わば「特に目立ったことがない日」で日経平均オプションも特に目立った動きはなかった。

では、参考までにこの日の「ニアコール」の一つ、七月限のコール二万二二五〇円の日中取引（九時～一五時一五分）を見てみよう。

この日は、日経平均の上げ下げにほぼ綺麗に連動する形で推移し、安値が二一〇円、高値が二九〇円となった。取引価格ベースでは二一万円～二九万円となり、最大で八万円とそれなりのサヤが抜けたわけだ。現実には天井と底を取るなどということはまずできないが、上手に取引すれば二三〇円で買って二五〇円で売り、二万円の利益を抜くぐらいなら無理な話ではないだろう。

同じく、この日の「ニアプット」の一つである七月限のプット二万二〇〇〇円を見てみると、安値が一七五円、その後の高値が二六五円で九〇円の値動きである。こちらは日経平均にほぼ逆行する動きとなったが、上手にエントリーすれば二〇〇円で買って二三〇円で売るといったことも可能であった。

いずれも、小動きの日経に対して「それなり」の値動きを見せており、サヤを取るチャンスもある。

このように、何もない日でも「ニア」の銘柄はそれなりに動くのである。そこで、値動きに乏しい相場局面ではこうした「ニア」の銘柄を追いかけ、日計

7月2日の「コール」22250

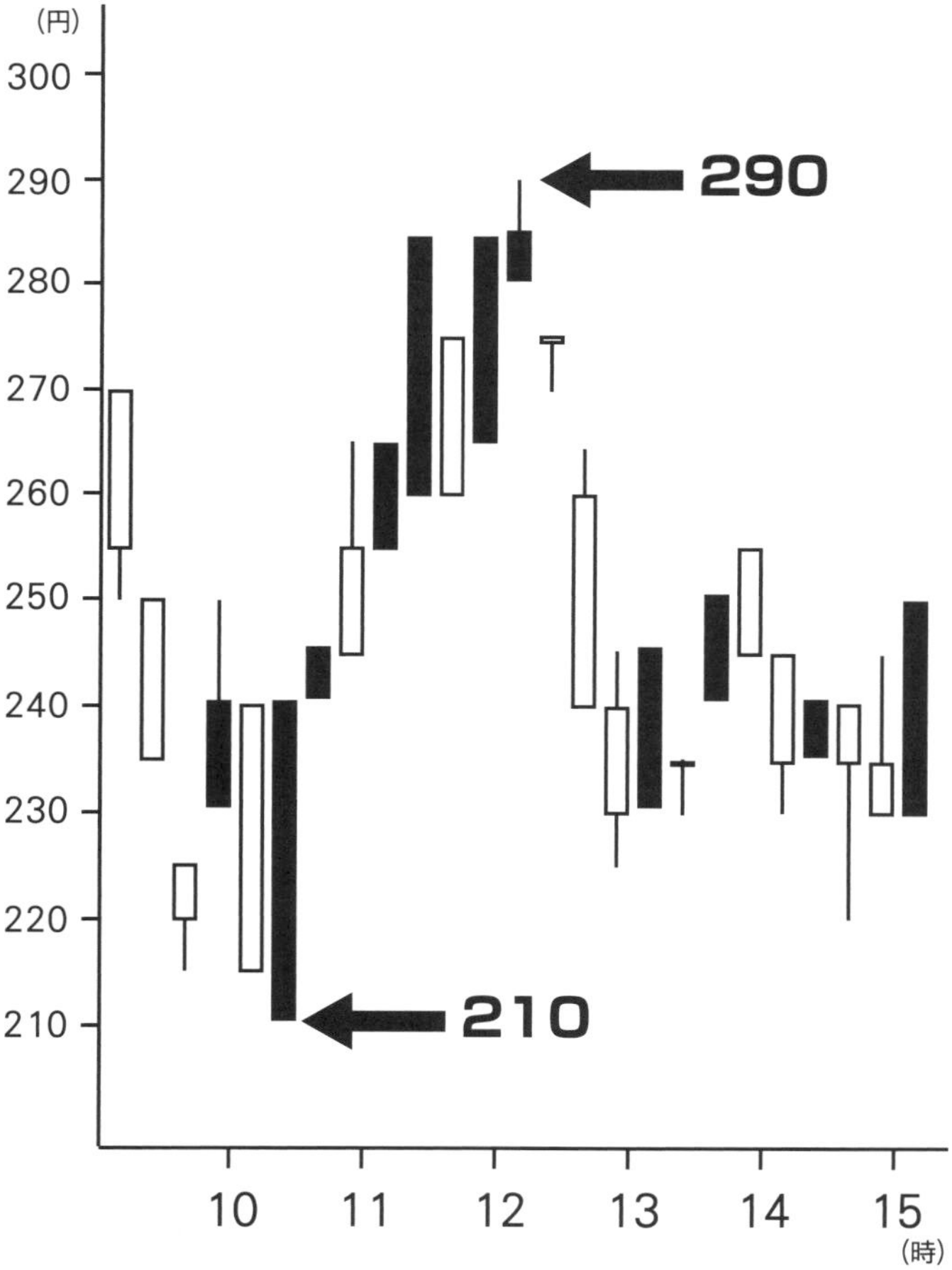

7月2日の「プット」22000

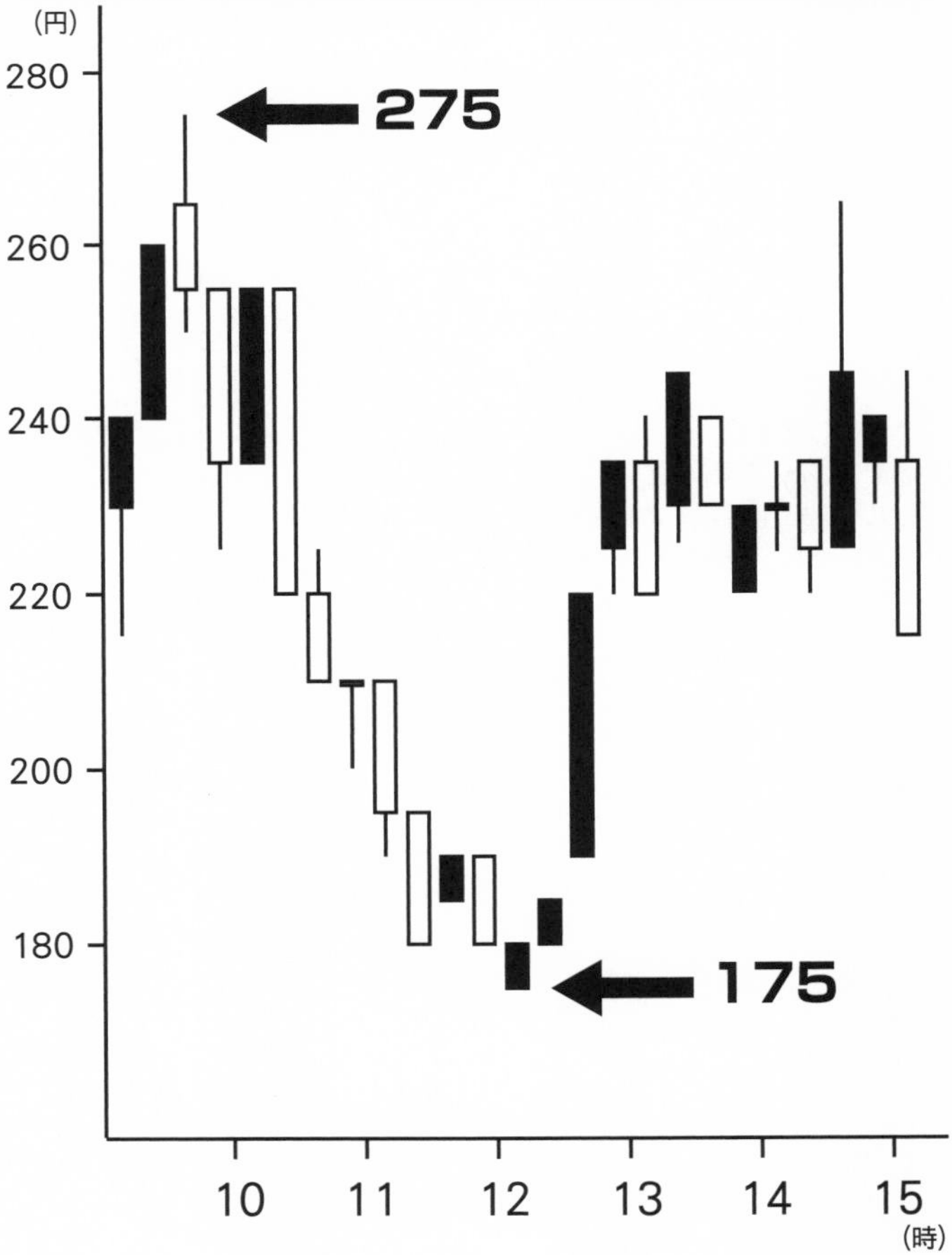

りで取引（一日のうちに買いから決済売りまで完結し、翌日にポジションを繰り越さない）して小さな利益をコツコツと積み上げるという方法を取るわけだ。

さて、ここで一つお気付きだろうか。例として挙げた二つの銘柄の値動き幅に注目なのだが、実は「ニアコール」に比べて「ニアプット」の方が若干値動きが大きいのである。この現象は、今回参考にしたこの銘柄だけに特徴的なことではなく、実はオプション全体の傾向なのだ。

なぜなのか。その理由は、株価というものが上昇するよりも下落する方がスピードが速く、また幅も大きくなるものだからだ。

株価の形成は人間の心理が深く関わっている。往々にして、上昇基調の時は「我も我も」と飛びつき買いすることはまれで、ちょっとずつ価格が上がって行く。一方で、価格が下がりだすと損失に対する恐怖心理が働き、「我も我も」と売りが殺到することが多い。そのため、株価は下落方向の勢いが強いという連想が働きやすい。必然的に「コール」か「プット」かで言えば、「プット」の方が利益の実現期待が高く、その分高値で取引されるというわけだ。

したがって、もし「ニア」でデイトレ的な取引をするならば、「ニアプット」を使った方が大きなサヤを取りやすい。ただし、相場局面が若干でも上げ基調であれば「ニアコール」の方が取り組みやすい場合もあり、一概にどちらがよいというものではない。

さて、実際に「ニアプット」「ニアコール」でコツコツとさやを狙う場合の注意点だが、何はなくとも「損切り」の管理が重要で、極めて厳格なルールが求められる。一枚数十万円という高単価な銘柄であり、また、もし急激な株価変動が発生すれば簡単に数十～数百円単位（数万～数十万円単位）で価格が動いてしまう。たとえば、ある「ニアプット」を一〇〇円で買ってその後急激に日経平均が上昇すれば、あっという間に五〇円になったりするのだ。コツコツ積み重ねた数日分の利益が簡単に吹き飛ぶ計算で、そうなる前にきちんと損切りを行なわなければ、どんどん負け込んで行く可能性がある。

また、このような大きな相場変動は突然起きることも多いが、市場に影響力のあるイベント（たとえば日銀の会見や政府の経済統計公表日、企業の決算発表）によっても起きることがある。したがって、市場変動の可能性がある情報を網羅し、変動が大きそうな日は取引を控えるなど「ファープット」「ファーコール」よりもさらにしっかりとした準備が必要となってくる。

そして、何より重要なのがトレードルールを作り、それを日々着実にこなすということだ。シナリオ①の「ファー」を使った作戦もそうだが、「ニア」を使うこの作戦は、より「確率論的」なアプローチが成功のカギを握る。

どの相場局面でどの程度「ニア」なものを買うのか。どの程度の利幅を期待し、どの程度損失が膨らんだら損切りするのか。そのルールでひと月投資を続けた場合、どの程度の勝率と損益が出るのか。そうしたルールを破らずに、日々サイコロを振るように淡々と取引を続け、勝率の統計を取って行き、必要に応じてルールを見直すというやり方が成功のカギだ。

そういう意味では、「山っ気」「博打っ気」がある人は向かない。日々の勝敗にあまり振り回されず、地道にルールをこなすまじめな人の方が性に合っているだろう。

シナリオ③　平時相場の「行き過ぎ」を狙う「統計トレード」の面白さ

数年に一回程度訪れる倍率数百〜一〇〇〇倍の「超大化け銘柄」を待ち伏せるのか、はたまた日々の値動き幅を利用して「デイトレ」のアプローチで利ザヤを狙うのか――いずれもかなり両極端な二つのシナリオを見てきたが、もう一つ、それらの「中間」に位置すると言ってよいやり方を紹介しよう。

それは、平時相場の「行き過ぎ」局面を狙うというやり方だ。

恐慌相場のような「有事相場」では、価格が果てしなく行き過ぎる（暴落するる）という現象はそれほど珍しくはない。ただ、その発生確率は数年に一回というレベルであり、そこをピンポイントで狙うのは根気が必要だ。一方、日々のサヤを取る「デイトレ」アプローチは、基本的に毎日相場に付いて値動きを追いかけることになり、これはまた別の意味で大きな労力を割くことになる。

「これは、なかなか継続的にオプション投資を続けることが難しいな」とお感じの方も多いかもしれない。そこで考えられるのが、「平時相場の行き過ぎを狙う」という方法だ。これなら「超大化け銘柄」よりも発生頻度は高く、年に数回程度は楽しめる可能性があるし、「デイトレ」のように毎日相場に張り付く必要もない。

具体的にどうするかと言えば、「統計的な方法」を使うのだ。たとえば、私が信頼を置くカギ足分析の専門家・川上明氏は、日経平均の「統計的な傾向」を紐解いて行なう相場予測を提案している。

一例を挙げよう。日経平均の終値を見て、前日比プラスの日は「○」（白丸）、マイナスの日は「●」（黒丸）として並べて行くと、大相撲の「星取表」のように日経平均の「勝ち負け」が並ぶ。これを特定の日数で見て行くと、ある統計的な「偏り」が見えてくることがある。

たとえば、「三日間の星取表が作る勝敗パターン」を考えると、八通りのパターンが考えられる。もし日経平均の動きが完全にランダムなら、八通り（二の三乗）のパターンがほぼ均一に出ることになるだろう。つまり、「三連勝」

（日経の終値が三連騰）が八分の一の確率で出てくるというわけだ。

しかし、実際の株価はそのように「統計的に均質」ではない。たとえば、「八日間の星取表で全勝（つまり終値で八連騰）」の出現率を実際の日経平均星取で見てみると、八連騰の発生率は〇・一四％となる。八日間の星取のパターンは二五六通り（二の八乗）あるため、日経平均の星取が「統計的に均質」なら〇・三九％になるべきだが、実際には明らかに発生確率が低い。また一方で、「○●○○●●○●」というパターンは〇・六九％とかなり頻度が高い。統計的に「偏っている」わけだ。

「市場は人間の心理で動いている」と考えれば、こうした「統計的な偏り」は当然であることがわかるだろう。日経平均が八連騰すれば、誰もが「そろそろ下がるのでは？」と思うのが自然で、それゆえ連騰はあまり発生しないものなのである。

実際には、このような統計的偏りはしばしば発生する。つまり、実際に八連騰が起きれば、その翌日に日経平均が下げて終わる可能性がかなり高いということもあり得るのだ。となれば、星取表を付けて行き、ある「騰落パターン」が発生したらその時だけトレードすれば、比較的高確率で勝ちを拾えるということだ。

もちろん、統計だけを使った単純なアプローチだけでなく、実際には様々な相場分析を加味するわけだが、ただこのような考え方で相場の値動きを見て行くと、比較的「当てやすい」動きというものが存在するのだ。

そして、私が主宰する「オプション研究会」では、この考えに基づいてつい最近、非常に良質な収益局面を情報発信することができた。具体的には、二〇二〇年五月下旬～六月上旬の上げ局面での「プット買い」である。

情報の初出は五月二八日で、この時点ではまだ「調整下げの可能性」を指摘した程度だった。しかし六月三日の寄り付き時点で、日経平均は二万二八一八円まで到達し、典型的な「棒立ち」と言われる過熱相場を演じていた。この日高値で引ければ、過去八営業日中七営業日が上昇（星取表で言えば「〇」（白丸））となり、統計的にかなりまれなパターンの出現となる。逆に言えば、目先に調整下落がひかえている可能性が高まっており、プット買いのチャンスというわけだ。

私は、自分でも相場の過熱感からプットの買い場を意識していたが、川上氏からの指摘もあり「オプション研究会」の会員向けに「七月限のプット買いに好機」という見立てを情報発信した。その後、日経平均は二万三〇〇〇円台まで乗せ、プットはもう一段安となったが、八日には「七月限プット一万八〇〇〇円あたりが取り組みやすく注目」と続報し、自信がある方や挑戦したい方にはプット買いをお勧めした。

果たして、そのもくろみは六月一二日に実を結んだ。八日に天井を打った日経平均はその後下落を開始し、一二日には一時二万二〇〇〇円割れという急調整を見せた。さらに翌週の一五日には、二万一五〇〇円台にまで下げ進めた。

私が注目と指摘した七月限プット一万八〇〇〇円は、情報初出の五月二八日には終値で九六円だったが、「注目銘柄」として情報発信した翌日の九日には最安値二六円を付けた。これが一二日には最高値一五五円を付け、一五日には一三五円の終値を付けたのである。最大利益率にして六倍弱、期間中に平均的に複数枚買ったとして、取得単価が四〇円程度と見積もるなら、ざっと三倍程度利益が確保できた計算だ。総合的に見れば、「悪くない」取引になったと言えるだろう。

もちろん、オプション取引の爆発的収益性から考えればごくごく小さな成功と言えるが、逆に言えばこうした水準の利益であれば、年に数回程度のチャンスを追うことも可能なのだ。実に、妙味のある投資ではないだろうか?

シナリオ番外編　一般的なオプション投資の教科書的戦略

さて、実はオプション取引の魅力としてよく紹介される方法は、ここまで紹介してきた「買い建て」戦略ではない。多くの指南本やネットの解説、あるいはプロトレーダーの手口などで中心的に用いられるのは、むしろオプションの「売り建て」の方なのだ。

オプション研究会で注目した銘柄の動き

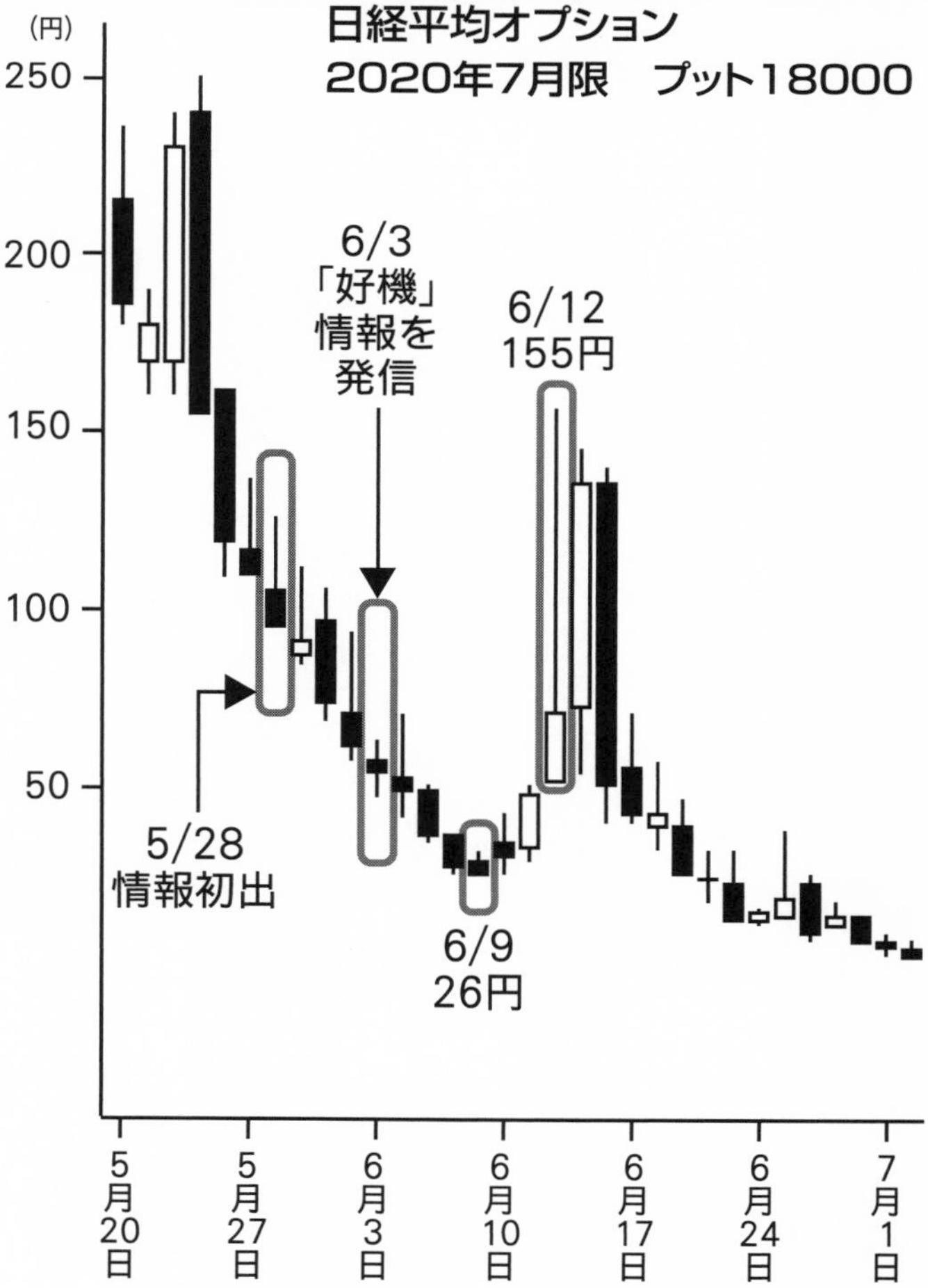

なぜかと言えば、オプションという商品は基本的に「時間が経つほど価格が安くなる」ものだからだ。その原理や実際の価格推移についてはここでは詳しくは解説しないが、日経平均オプションも同様にＳＱ日に向けてすべての銘柄が「基本的には」どんどん値段が下がって行く。しかし、その途中で相場が大きく（または小さく）、あるいは素早く（またはゆっくり）動くことで、各銘柄に対する「ＳＱ時に利益を上げられる期待」が変化し、「基本的な動き」に逆らって価格が上昇したり逆に下げ速度が加速したりするわけだ。

オプションを「買う」という作戦は、そうした「逆の値動き」によって生じる利益を狙う方法だが、逆に言えば大半の相場局面でオプションは「基本的に価格下落」という動きをするため、オプションを「売り建て」する方が圧倒的に勝率は高いのだ。

こんなことを言うと、「浅井さん！　なんで圧倒的に勝てる方を勧めないいんだ!?」とお叱りを受けるかもしれない。しかし、勝率が圧倒的に良いからといって私は決してオプションの「売り建て」はお勧めしない。その理由はすでに第四章で触れた通りで、なまじ中途半端な知識、不十分なリスク対策を講じずに売り建てを行なえば、最悪の場合、たった一回の失敗で莫大な損失を被り、全財産を失うどころか莫大な借金を背負う危険すらあるからだ。

実際、私が知っている在外邦人のプロトレーダーの中にも、コツコツとオプションの売り建てで積み上げた数十億円もの資産が、恐慌相場の直撃で一瞬のうちに吹き飛び、莫大な追い証を抱えて失踪した人がいる。

オプションにおける「買い建て」と「売り建て」の立場の違いは、あえて乱暴にたとえるなら「馬券を買う」のか「競走馬に乗る」のかぐらいの違いがある。馬券を買うなら、程度が過ぎなければ小遣いをスッて終わりという程度だが、「競走馬に乗る」となれば、素人ではまずけがをしないだけで御の字だ。歴戦の騎手ですら時に落馬で命を落としたり不随になったりするわけで、まさに「命を賭した」真剣勝負である。

もちろん、馬の機嫌が良い時に乗れば楽しかろうし、オプションの売り建ても「何もない」相場なら簡単に利益を取れて面白かろう。ただ、ひとたび相場が暴れた場合、「売り建て」のポジションで大けがを回避するのはかなり大ごとになる。

それに備えてトレーダーは、様々な作戦を講じるわけだが、これがまた複雑だ。あえてそのまま専門用語を出すが、ごく基本的なやり方だけでも「カバード・コール」（コール売りと原資産買いの組み合わせ）、「カバード・プット」（プット売りと原資産売りの組み合わせ）、「クレジット・スプレッド」（オプションの売り建てと買い建ての組み合わせ）、「カレンダー・スプレッド」（限月が異なるオプションの売り建てと買い建ての組み合わせ）などがある。

こうした作戦を用いるために「ギリシャ指標」なるこれまた難解な数字を駆使し、何をどの程度の量組み合わせるかを緻密に計算するといった工夫を行なう。このようなやり方に、他の投資にはない知的好奇心を感じるという投資家もそれなりにいるとは思うが、果たして誰もが取り組めるかと言えば、決してそうではないだろう。

また、こうした組み合わせによるリスクヘッジには、時には先物や現物（日経２２５オプションの場合、日経平均先物やミニ日経先物、日経２２５のＥＴＦなど）を用いることも必要となる。そのため、これらの取引に関する知識や注意点も押さえておく必要がある。さらに、オプションの売りは取引金額よりもはるかに多額の証拠金を差し入れておく必要があり、加えてヘッジのために他のオプションを売ったり、先物取引を組み合わせたりすればさらに証拠金が必要となる場合もある。軍資金をかなり厚めに用意しなければ、相場急変で追い証が必要になった時生活費を切り崩すといった「綱渡り」投資にも陥りかねない。よほど本気でのめり込む覚悟がなければ、いきなりこのレベルの知識や資金を要求される投資は始められないだろう。

たとえば、あなたが基本知識からオプション価格の変動原理、売り建ての効用とリスク、様々なヘッジ戦略までかなりのレベルで理解し、ごく小さい取引から徐々に経験を重ねて「オプション売りのリスクを制御できる」と確信できるところまで至ったなら、自己責任で「売り戦略」に挑んでもよいだろう。ただし、相当高い授業料を払わされる可能性があることは、重々胸に刻んでおくべきだ。繰り返すが、本書をお読みになっている皆さんには、くどいようだが決して「オプション売り」（売り建て）は行なわないことをお勧めしておく。

自分に合った投資スタンスを確立して「勝ち残り」を目指せ！

実は、オプションを使った投資には、この章で取り上げた以外にも使い道がある。たとえば、株式投資や日経平均先物の投資を行なう際の損失リスクを軽減させる「保険」としての使い方だ。元々のオプション誕生の生い立ちから考えるとむしろそういう使い方の方が自然とも言えるが、せっかくオプションを知った読者の皆さんは参考として覚えておくのもよいだろう。

このように実に多様な取り組み方、使い方ができるのがオプション取引の面白さである。使いこなすにはそれなりの知識と経験の積み重ねによる修練が求められるが、相場の様々な局面において絶大な威力を発揮し得るという点で、払う努力に見合った大きな対価を得ることも十分に可能だ。これを活用しない

という手があるだろうか‼

株式投資などで投資経験豊富な方であっても、オプションに取り組めばいろいろ応用の幅が広がって行くに違いない。もちろん、まだ本格的な投資経験がない方にとっても、投資というものが奥深く、そして面白いものと感じてもらえるものと確信している。それぞれの作戦は、個人の性格や取り組み方によって相性もあるが、自分に向かないと思ったやり方が意外に相性がよく、自分の中の新しい側面を発見する機会となることもある。

読者の皆さんには、ぜひとも果敢に取り組んでいただき、激動と困難の時代を楽しく、明るく、そしてたくましく生き残っていただきたい。

皆さんの健闘と、大いなる成功を祈っている‼

エピローグ

暗いトンネルの中を明るく照らす「道具」

私たちは今「暗く長いトンネル」に入っている。先の見えないコロナというトンネルである。そしてそれは、不安との戦いでもある。世界中で多くの個人と企業が、この突然襲ってきた天災にすさまじい被害を受けている。資産を減らした投資家も多い。

しかし、その暗闇の中でただ嘆いていても何も始まらない。何ごとも前向きに考えよう。こうした時代だからこそ、それを跳ね返し、戦って行くための素晴らしい「武器」を手に入れようではないか。それがこの「日経平均オプション」なのである。

私たち人類は、ただの生き物から人間となる時に、「道具」というものを手に入れた。道具こそ、私たち人間の力の証しであり、私たちが生き延びるための唯一のよすがなのだ。

そして、道具は新しいものほど良い。そして現代における最先端の投資と資産防衛の「道具」こそ、この「日経平均オプション」なのだ。それを皆さんの片腕とし、縦横無尽に使ってほしい。そのために、大いに勉強もしてほしい。そうした前向きな努力は、必ず報われるものだ。この本のタイトル通り、このコロナという暗く長いトンネルからいち早く抜け出し、光輝く栄光の未来をつかむためにこの本とオプションを活用してほしい。

二〇二〇年七月吉日

浅井　隆

■今後、『巨大インフレと国家破産』『2026年日本国破産』『ワイフ・ロボット』（すべて仮題）を順次出版予定です。ご期待下さい。

■オプション取引用語集■

コール
オプション取引における「買う権利」
例）日経平均株価を○月に○○円で買う権利

プット
オプション取引における「売る権利」
例）日経平均株価を○月に○○円で売る権利

原資産
先物取引およびオプション取引において、取引の対象となる資産。たとえば、日経平均オプションであれば、原資産は日経平均株価

プレミアム　コールおよびプットの価格
オプション価格

限月《げんげつ》　先物取引およびオプション取引において、取引期限が満了する月。たとえば、三月限《ぎり》であれば三月に取引期限を迎える

期近　設定されている限月のうち、取引期限がもっとも近い限月のもの

期先　設定されている限月のうち、取引期限がもっとも遠い限月のもの、または期近でないもの

SQ　各限月に定められた最終的な決済期日で決済するための清算価格。各限月の第二金曜日がSQ算出日で、指数構成銘柄の始値で計算された値がSQ値となる

権利行使価格

オプション取引において、買い手が権利を行使する際の原資産の価格

ＩＶ
（インプライド・ボラティィリティ）

市場のプレミアムを元に算出された原資産のボラティィリティ（予想変動率）

プレミアムの上昇期待が高く、買い需要が多いほど、ＩＶは高くなる

プレミアムの上昇期待が低く、売り需要が多いほど、ＩＶは低くなる

ＡＴＭ
（アット・ザ・マネー）

原資産の価格と権利行使価格が等しい状態

例）日経平均株価（原資産）が二万円の時、権利行使価格二万円のコール・オプションおよびプット・オプションはＡＴＭの状態にある。

ＯＴＭ（アウト・オブ・ザ・マネー）

コールの場合は、原資産の価格よりも権利行使価格が高い状態
プットの場合は、原資産の価格よりも権利行使価格が低い状態
例）日経平均株価（原資産）が二万円の時、権利行使価格二万五〇〇円のコール・オプションはＯＴＭの状態にある。
日経平均株価（原資産）が二万円の時、権利行使価格一万九五〇〇円のプット・オプションはＯＴＭの状態にある。

ＩＴＭ（イン・ザ・マネー）

コールの場合は、原資産の価格よりも権利行使価格が低い状態
プットの場合は、原資産の価格よりも権利行使価格が高い状態
例）日経平均株価（原資産）が二万円の時、権利行使価格一万九五〇〇円のコール・オプションはＩＴＭの状態にある。
日経平均株価（原資産）が二万円の時、権利行使価格二万五〇〇円のプット・オプションはＩＴＭの状態にある。

タイムディケイ

取引期限が近づくに従い、オプションの時間価値（将来の価格変動によって利益が得られる可能性に対する価値）が減少して行くこと

成行注文

売買を行なう際に、価格を指定せずに注文すること。

注文が成立しやすいのがメリットだが、相場の状況によっては想定よりも高い価格で買い注文が成立したり、想定よりも安い価格で売り注文が成立する可能性があるのがデメリット

指値注文

売買を行なう際に、価格を指定して注文すること。

たとえば、五〇円で買いの指値注文を五〇円で売りの指値注文を入れた場合、五〇円以上で注文が成立する。

希望の価格よりも不利な価格で注文が成立することがないのがメリットだが、相場の状況によっては注文が成立しづらくなる

可能性があるのがデメリット

逆指値注文

通常の指値注文とは逆で、「指定した価格よりも高くなったら買い」、「指定した価格よりも安くなったら売る」という注文。たとえば、五〇円で買いの逆指値注文を入れた場合、五〇円以上で注文が成立し、五〇円で売りの逆指値注文を入れた場合、五〇円以下で注文が成立する。

損切りする際や、相場の勢いに乗って売買する際に利用される

OCO注文

二つの注文を同時に出して一方の注文が成立した場合に、もう一方の注文が自動的に取消される注文方法。

たとえば、五〇円で買った銘柄を持っていたとして、七〇円で売りの決済指値注文と、三〇円で売りの決済逆指値注文を同時に出す。注文後、相場が上がれば利益確定され、相場が下がれ

ば損切りが行なわれる

IFD（イフダン）注文

新規注文とその注文が成立した場合の決済注文を一括して行なう注文方法。

たとえば、五〇円で買いの新規指値注文と、七〇円で売りの決済指値注文をセットで行なう。注文後、新規指値注文が成立した場合、決済指値注文が自動的に発注される。相場が上がれば利益確定が行なわれる

IFDOCO（イフダンOCO）注文

新規注文とその注文が成立した場合の決済注文を二つ同時に行なう注文方法。

たとえば、五〇円で買いの新規指値注文、七〇円で売りの決済指値注文と三〇円で売りの決済逆指値注文をセットで行なう。注文後、新規指値注文が成立した場合、二つの決済注文が自動

的に発注され、一方の決済注文が成立した場合、もう一方の決済注文は取消される。相場が上がれば利益確定され、相場が下がれば損切りが行なわれる

注・上記、各注文の名称は証券会社により異なる場合がある。

浅井隆からの重要なお知らせ

——恐慌および国家破産を勝ち残るための具体的ノウハウ

財産を10倍にする秘策をマスターするために

◆「オプション研究会」

「コロナ恐慌」の到来によって、世界はまったく新たな激動の局面に突入しました。この深刻な危機に対し、世界各国で「救済」という名のバラ撒きが加速しています。しかしながら、これは「超巨大恐慌」という私たちの想像を絶する怪物を呼び寄せる撒き餌に他なりません。この異形の怪物は、日頃は鳴りを潜めていますが、ひとたび登場すれば私たちの生活を完膚なきまでに破壊し、資産を根こそぎ奪い去るだけに留まりません。最終的には国家すら食い殺し、破綻させるほどに凶暴です。そして、次にこの怪物が登場した時、その犠牲の筆頭となる国は、天文学的な政府債務を有する日本になるでしょう。

このように、国家破産がいよいよ差し迫った危機になってくると、ただ座しているだけでは資産を守り、また殖やすことは極めて難しくなります。これからは様々な投資法や資産防衛法を理解し、必要に応じて実践できるかが生き残りのカギとなります。つまり、投資という武器をうまく使いこなすことこそが、激動の時代の「必須のスキル」となるのです。

しかし、考え方を変えれば、これほど変化に富んだ、そして一発逆転すら可能な時代もないかもしれません。必要なスキルを身に付け、この状況を果敢に乗りこなせば、大きなチャンスを手にすることもできるわけです。積極的に打って出るのか、はたまた不安と恐怖に駆られながら無為に過ごすのかは、「あなた次第」なのです。

現代は、実に様々な投資を誰でも比較的容易に実践することができます。しかしながら、それぞれの投資方法には固有のかん所があり、また魅力も異なります。戦国の世には様々な武器がありましたが、それら武器にもかん所や強みが異なっていたのとまさに同じというわけです。そして、これから到来する恐慌・国家破産時代において、もっともその威力と輝きを増す「武器」こそが「オプション取引」というわけです。本書でも触れている「オプション取引」の魅力を今一度確認しておきましょう。

・非常に短期（数日～一週間程度）で数十倍～数百倍の利益を上げることも可能
・「買い建て」取引のみに限定すれば、損失は投資額に限定できる
・恐慌、国家破産などで市場が大荒れするほどに収益機会が広がる
・最低投資額は一〇〇〇円（取引手数料は別途）
・株やＦＸと異なり、注目すべき銘柄は基本的に「日経平均株価」の動きのみ
・給与や年金とは分離して課税される（税率約二〇％）

もちろん、いかに強力な「武器」でも、うまく使いこなすことが重要です。もしあなたが、これからの激動期に「オプション取引」で挑んでみたいとお考

えであれば、第二海援隊グループがその習熟を「情報」と「助言」で強力に支援いたします。二〇一八年一〇月に発足した「オプション研究会」では、オプション取引はおろか株式投資など他の投資経験もないという方にも、道具の揃え方から基本知識の伝授、投資の心構え、市況変化に対する考え方や収益機会のとらえ方など、初歩的な事柄から実践に至るまで懇切丁寧に指導いたします。これからの「恐慌経由、国家破産」というピンチをチャンスに変えようという意欲がある方のご入会を心よりお待ちしています。

㈱日本インベストメント・リサーチ「オプション研究会」担当 山内・稲垣・関
TEL：〇三（三二九一）七二九一　FAX：〇三（三二九一）七二九二
Eメール：info@nihoninvest.co.jp

◆オプション・デイトレ集中セミナー

「オプション取引」は、これからの激動の時代により光を放つ極めて魅力的な投資法の一つですが、その幅をさらに広げるのが「オプション・デイトレ」です。「デイトレ」は投資方法の一形態であり、オプションに限らず株式やＦＸなどでも実践可能です。ただし、通常のオプション取引と比べると抑えるべきかん所や考え方が異なってきます。そのため、どのような心構えで取り組み、何に気を付けるべきか、どのような情報や考え方が必要かも大きく変わってきます。

そこで、皆さんに「新たな投資スキル」を身に付けていただくための導入編として、「オプション・デイトレ集中セミナー」を左記日程で開催いたします。「オプション取引」と「デイトレ」を実践するにあたって、知識・道具・考え方（心得）を短期間で網羅する格好の機会です。ぜひ、奮ってご参加下さい！

◆オプション・デイトレ集中セミナー（全３回）日程

第１回　二〇二〇年一〇月一日（木）
第２回　二〇二〇年一一月二日（月）
第３回　二〇二〇年一二月一一日（金）
※各日とも一一時〜一六時（途中一時間休憩あり）
参加費　二〇万円（全三回　部分参加は原則不可）

この集中セミナーに先立って、オプション取引を使ったデイトレードの魅力について知りたい方は、拙著『デイトレ・ポンちゃん』（第二海援隊刊）にて詳しく紹介していますので、併せてご参考下さい。

◆「オプション取引」習熟への近道を知るための二つの「セミナーDVD・CD」発売中

「オプション取引」の習熟を全面支援し、また取引に参考となる市況情報なども提供する「オプション研究会」、そして「オプション・デイトレ」実践に向けた必要事項を全三回のセミナーで網羅する「オプション・デイトレ集中セミナー」のそれぞれについて、その概要を知ることができる「ＤＶＤ・ＣＤ」を用意しています。

■「オプション研究会 無料説明会 受講ＤＶＤ／ＣＤ」■

浅井隆自らがオプション投資の魅力と活用のポイントについて解説し、また専任スタッフによる「オプション研究会」の具体的内容を説明した「オプショ

ン研究会 無料説明会」(二〇一八年一二月一五日開催) の模様を収録したDVD・CDです。「浅井隆からのメッセージを直接聞いてみたい」「オプション研究会への理解を深めたい」という方は、ぜひご入手下さい。

「オプション研究会 無料説明会 受講DVD/CD」(約一六〇分)

価格 DVD 三〇〇〇円 (送料込)

CD 二〇〇〇円 (送料込)

※お申込み確認後約一〇日で代金引換にてお届けいたします。

■「オプション・デイトレ集中セミナー」説明CD■

全三回で開催する「オプション・デイトレ集中セミナー」について、今少しその内容を詳しく知りたい方向けに「オプション・デイトレ集中セミナー説明CD」をご用意しました。オプション取引とデイトレードの習得に向けて、どのような準備や情報が必要なのか、どのような注意点があるのかなど、枠組みをとらえるのに好適です。

また、CD中には「オプション・デイトレ」の他にも、日本の財政危機に備える資産防衛法を助言する「ロイヤル資産クラブ」「自分年金クラブ」についてや、第二海援隊グループが考える激動期の資産運用の在り方について、概要を解説しています。

価格　CD　三〇〇〇円（送料込）

※お申込み確認後約一〇日で代金引換にてお届けいたします。

これらDVD・CDに関するお問い合わせは、「㈱日本インベストメント・リサーチ オプション研究会担当」まで。

TEL：〇三（三二九一）七二九一　FAX：〇三（三二九一）七二九二

Eメール：info@nihoninvest.co.jp

恐慌・国家破産への実践的な対策を伝授する会員制クラブ

国家破産対策を本格的に実践したい方にぜひお勧めしたいのが、第二海援隊の一〇〇%子会社「株式会社日本インベストメント・リサーチ」（関東財務局長（金商）第九二六号）が運営する三つの会員制クラブ（「自分年金クラブ」「ロイヤル資産クラブ」「プラチナクラブ」）です。

まず、この三つのクラブについて簡単にご紹介しましょう。「自分年金クラブ」は、資産一〇〇〇万円未満の方向け、「ロイヤル資産クラブ」は資産一〇〇〇万～数千万円程度の方向け、そして最高峰の「プラチナクラブ」は資産一億円以上の方向け（ご入会条件は資産五〇〇〇万円以上）で、それぞれの資産規模に応じた魅力的な海外ファンドの銘柄情報や、国内外の金融機関の活用法に関する情報を提供しています。

恐慌・国家破産は、なんと言っても海外ファンドや海外口座といった「海外の活用」が極めて有効な対策となります。特に海外ファンドについては、私たちは早くからその有効性に注目し、二〇年以上にわたって世界中の銘柄を調査してまいりました。本物の実力を持つ海外ファンドの中には、恐慌や国家破産といった有事に実力を発揮するのみならず、平時には資産運用としても魅力的なパフォーマンスを示すものがあります。こうした情報を厳選してお届けするのが、三つの会員制クラブの最大の特長です。

その一例をご紹介しましょう。三クラブ共通で情報提供する「ATファンド」は、先進国が軒並みゼロ金利というこのご時世にあって、年率六~七%の収益を安定的に挙げています。これは、たとえば三〇〇万円を預けると毎年約二〇万円の収益を複利で得られ、およそ一〇年で資産が二倍になる計算となります。しかもこのファンドは、二〇一四年の運用開始から一度もマイナスを計上したことがないという、極めて優秀な運用実績を残しています。日本国内の投資信託などではとても信じられない数字ですが、世界中を見渡せばこうした優れた銘柄はまだまだあるのです。

冒頭にご紹介した三つのクラブでは、「ATファンド」をはじめとしてより高い収益力が期待できる銘柄や、恐慌などの有事により強い力を期待できる銘柄など、様々な魅力を持ったファンド情報をお届けしています。なお、資産規模が大きいクラブほど、取扱銘柄数も多くなっております。

また、ファンドだけでなく金融機関選びも極めて重要です。単に有事にも耐え得る高い信頼性というだけでなく、各種手数料の優遇や有利な金利が設定されている、日本にいながらにして海外の市場と取引ができるなど、金融機関も様々な特長を持っています。こうした中から、各クラブでは資産規模に適した、魅力的な条件を持つ国内外の金融機関に関する情報を提供し、またその活用方法についてもアドバイスしています。

その他、国内外の金融ルールや国内税制などに関する情報など資産防衛に有用な様々な情報を発信、会員様の資産に関するご相談にもお応えしております。浅井隆が長年研究・実践してきた国家破産対策のノウハウを、ぜひあなたの大切な資産防衛にお役立て下さい。

詳しいお問い合わせは「㈱日本インベストメント・リサーチ」まで。

TEL：〇三（三二九一）七二九一　FAX：〇三（三二九一）七二九二

Eメール：info@nihoninvest.co.jp

厳しい時代を賢く生き残るために必要な情報収集手段

私が以前から警告していた通り、今や世界は歴史上最大最悪の二京七〇〇〇兆円という額の借金を抱え、それが新型コロナウイルスをきっかけとして逆回転し始めています。中でも日本の借金は先進国中最悪で、この国はいつ破産してもおかしくない状況です。そんな中、あなたと家族の生活を守るためには、二つの情報収集が欠かせません。

一つは「国内外の経済情勢」に関する情報収集、もう一つは「海外ファンド」や「海外の銀行口座」に関する情報収集です。これらについては、新聞やテレビなどのメディアやインターネットでの情報収集だけでは十分とは言えません。私はかつて新聞社に勤務し、以前はテレビに出演をしたこともありますが、その経験から言えることは「新聞は参考情報。テレビはあくまでショー（エンターテインメント）」だということです。インターネットも含め誰もが簡単に入手できる情報でこれからの激動の時代を生き残って行くことはできません。

皆さんにとって、もっとも大切なこの二つの情報収集には、第二海援隊グループ（代表：浅井隆）が提供する特殊な情報と具体的なノウハウをぜひご活用下さい。

◆〝恐慌および国家破産対策〟の入口「経済トレンドレポート」

電子版も開設予定!!

皆さんに特にお勧めしたいのが、浅井隆が取材した特殊な情報や、浅井が信頼する人脈から得た秀逸な情報をいち早くお届けする「経済トレンドレポート」です。今まで、数多くの経済予測を的中させてきました。

そうした特別な経済情報を年三三回（一〇日に一回）発行のレポートでお届けします。初心者や経済情報に慣れていない方にも読みやすい内容で、新聞やインターネットに先立つ情報や、大手マスコミとは異なる切り口からまとめた情報を掲載しています。

さらにその中で、恐慌、国家破産に関する『特別緊急警告』『恐慌警報』『国家破産警報』も流しております。「激動の二一世紀を生き残るために対策をしなければならないことは理解したが、何から手を付ければよいかわからない」「経済情報をタイムリーに得たいが、難しい内容にはついて行けない」という方は、まずこの経済トレンドレポートをご購読下さい。経済トレンドレポートの会員になられますと、講演会など様々な割引・特典を受けられます。

詳しいお問い合わせ先は、㈱第二海援隊まで。

◆「ダイヤモンド投資情報センター」

現物資産を持つことで資産保全を考える場合、小さくて軽いダイヤモンドは持ち運びも簡単で、大変有効な手段と言えます。近代画壇の巨匠・藤田嗣治は第二次世界大戦後、混乱する世界を渡り歩く際、資産として持っていたダイヤモンドを絵の具のチューブに隠して持ち出し、渡航後の糧にしました。金《きん》（ゴールド）だけの資産防衛では不安という方は、ダイヤモンドを検討するのも一手でしょう。

しかし、ダイヤモンドの場合、金《きん》とは違って公的な市場が存在せず、専門の鑑定士がダイヤモンドの品質をそれぞれ一点ずつ評価して値段が決まるため、売り買いは金《きん》に比べるとかなり難しいという事情があります。そのため、信頼できる専門家や取扱店と巡り合えるかが、ダイヤモンドでの資産保全の成否の分かれ目です。

そこで、信頼できるルートを確保し業者間価格の数割引という価格での購入が可能で、ＧＩＡ（米国宝石学会）の鑑定書付きという海外に持ち運んでも適正価格での売却が可能な条件を備えたダイヤモンドの売買ができる情報を提供いたします。

ご関心がある方は「ダイヤモンド投資情報センター」にお問い合わせ下さい。

ＴＥＬ：〇三（三二九一）六一〇六　担当：大津

◆『浅井隆と行くニュージーランド視察ツアー』

南半球の小国でありながら独自の国家戦略を掲げる国、ニュージーランド。浅井隆が二〇年前から注目してきたこの国が今、「世界でもっとも安全な国」として世界中から脚光を浴びています。核や自然災害の脅威、資本主義の崩壊に備え、世界中の大富豪がニュージーランドに広大な土地を購入し、サバイバル施設を建設しています。さらに、財産の保全先（相続税、贈与税、キャピタルゲイン課税がありません）、移住先としてもこれ以上の国はないかもしれません。

そのニュージーランドを浅井隆と共に訪問する、「浅井隆と行くニュージーランド視察ツアー」を毎年一一月に開催しております。なお、二〇二〇年一一月のニュージーランドツアーは新型コロナウイルスの影響により中止となりました。二〇二一年は秋に開催予定です。現地では、浅井の経済最新情報レクチャーもございます。内容の充実した素晴らしいツアーです。ぜひ、ご参加下さい。

ＴＥＬ：〇三（三二九一）六一〇六　担当：大津

◆浅井隆のナマの声が聞ける講演会

著者・浅井隆の講演会を開催いたします。二〇二〇年下半期は東京・九月二五日（金）、名古屋・一〇月一六日（金）、大阪・一〇月二三日（木）、福岡・一〇月二四日（土）を予定しております。経済の最新情報をお伝えすると共に、生き残りの具体的な対策を詳しく、わかりやすく解説いたします。

活字では伝えることのできない肉声による貴重な情報にご期待下さい。

また、「新型コロナウイルス発生！　どうする日本⁉　どうなる二〇二〇年！」というテーマにて、

『浅井隆の緊急メッセージＤＶＤ／ＣＤ』（価格：ＤＶＤ、ＣＤ共八〇〇〇円〈送料込・会員割引あり〉）、

『中森貴和氏（帝国データバンク）×浅井隆緊急対談ＣＤ』（価格：二万円〈送料込・会員割引あり〉）

を販売中です。お早めにお求め下さい。

詳しいお問い合わせ先は、㈱第二海援隊まで。
■第二海援隊連絡先
TEL：〇三（三二九一）六一〇六　FAX：〇三（三二九一）六九〇〇
Eメール：info@dainikaientai.co.jp

◆第二海援隊ホームページ

第二海援隊では様々な情報をインターネット上でも提供しております。詳しくは「第二海援隊ホームページ」をご覧下さい。私ども第二海援隊グループは、皆さんの大切な財産を経済変動や国家破産から守り殖やすためのあらゆる情報提供とお手伝いを全力で行ないます。

また、浅井隆によるコラム「天国と地獄」を一〇日に一回、更新中です。経済を中心に長期的な視野に立って浅井隆の海外をはじめ現地生取材の様子をレポートするなど、独自の視点からオリジナリティ溢れる内容をお届けします。

ホームページアドレス：http://www.dainikaientai.co.jp/

〈参考文献〉

【新聞・通信社】

『日本経済新聞』『ブルームバーグ』『ロイター』
『フィナンシャル・タイムズ』

【書籍】

『史伝坂本龍馬』（山村竜也著　学習研究社）

【拙著】

『10 万円を 10 年で 10 億円にする方法』（第二海援隊）
『国家破産を生き残るための一二の黄金の秘策〈下〉』（第二海援隊）
『海外ファンドによる財産倍増計画』（第二海援隊）
『2010 年の衝撃』（第二海援隊）『デイトレ・ポンちゃん』（第二海援隊）
『100 万円を 6 ヵ月で 2 億円にする方法』（第二海援隊）

【雑誌・その他】

『週刊現代』『バロンズ拾い読み』

【ホームページ・電子媒体】

フリー百科事典『ウィキペディア』
『日本銀行高知支店』『大阪取引所（日本取引所グループ）』『CNBC』
『FRIDAY デジタル』『東洋経済オンライン』『新生銀行』『楽天証券』
『SMBC 日興証券』『マネックス証券』『ＳＢＩ証券』『田中貴金属』
『第一商品』『マネーマガジン』『日本の兵器歴史』『行動経済学入門』
『ヒダリナナメ 45 度の竜馬伝』『IB カレッジ』『YJFX』
『商品さきもの知識普及委員会』

〈著者略歴〉
浅井　隆（あさい　たかし）
経済ジャーナリスト。1954年東京都生まれ。学生時代から経済・社会問題に強い関心を持ち、早稲田大学政治経済学部在学中に環境問題研究会などを主宰。一方で学習塾の経営を手掛け学生ビジネスとして成功を収めるが、思うところあり、一転、海外放浪の旅に出る。帰国後、同校を中退し毎日新聞社に入社。写真記者として世界を股に掛ける過酷な勤務をこなす傍ら、経済の猛勉強に励みつつ独自の取材、執筆活動を展開する。現代日本の問題点、矛盾点に鋭いメスを入れる斬新な切り口は多数の月刊誌などで高い評価を受け、特に1990年東京株式市場暴落のナゾに迫る取材では一大センセーションを巻き起こす。
その後、バブル崩壊後の超円高や平成不況の長期化、金融機関の破綻など数々の経済予測を的中させてベストセラーを多発し、1994年に独立。1996年、従来にないまったく新しい形態の21世紀型情報商社「第二海援隊」を設立し、以後約20年、その経営に携わる一方、精力的に執筆・講演活動を続ける。2005年7月、日本を改革・再生するための日本初の会社である「再生日本21」を立ち上げた。主な著書:『大不況サバイバル読本』『日本発、世界大恐慌！』（徳間書店）『95年の衝撃』（総合法令出版）『勝ち組の経済学』（小学館文庫）『次にくる波』（PHP研究所）『Human Destiny』（『9・11と金融危機はなぜ起きたか!?〈上〉〈下〉』英訳）『あと2年で国債暴落、1ドル＝250円に!!』『いよいよ政府があなたの財産を奪いにやってくる!?』『日銀が破綻する日』『預金封鎖、財産税、そして10倍のインフレ!!〈上〉〈下〉』『トランプバブルの正しい儲け方、うまい逃げ方』『世界沈没――地球最後の日』『世界中の大富豪はなぜＮＺに殺到するのか!?〈上〉〈下〉』『円が紙キレになる前に金を買え！』『元号が変わると恐慌と戦争がやってくる!?』『有事資産防衛　金か？　ダイヤか？』『第2のバフェットか、ソロスになろう!!』『浅井隆の大予言〈上〉〈下〉』『2020年世界大恐慌』『北朝鮮投資大もうけマニュアル』『この国は95%の確率で破綻する!!』『徴兵・核武装論〈上〉〈下〉』『100万円を6ヵ月で2億円にする方法！』『最後のバブルそして金融崩壊』『恐慌と国家破産を大チャンスに変える！』『国家破産ベネズエラ突撃取材』『都銀、ゆうちょ、農林中金まで危ない!?』『10万円を10年で10億円にする方法』『私の金が売れない！』『株大暴落、恐慌目前！』『2020年の衝撃』『デイトレ・ポンちゃん』『新型肺炎発世界大不況』『恐慌からあなたの預金を守れ!!』『世界同時破産！』『コロナ大不況生き残りマニュアル』（第二海援隊）など多数。

コロナ恐慌で財産を10倍にする秘策

2020年8月7日　初刷発行

著　者　浅井　隆
発行者　浅井　隆
発行所　株式会社　第二海援隊
〒101-0062
東京都千代田区神田駿河台2-5-1　住友不動産御茶ノ水ファーストビル8F
電話番号　03-3291-1821　　ＦＡＸ番号　03-3291-1820

印刷・製本／株式会社シナノ

ISBN978-4-86335-209-4

第二海援隊発足にあたって

日本は今、重大な転換期にさしかかっています。にもかかわらず、私たちはこの極東の島国の上で独りよがりのパラダイムにどっぷり浸かって、まだ太平の世を謳歌しています。

しかし、世界はもう動き始めています。その意味で、現在の日本はあまりにも「幕末」に似ているのです。ただ、今の日本人には幕末の日本人と比べて、決定的に欠けているものがあります。それこそ、志と理念です。現在の日本は世界一の債権大国（＝金持ち国家）に登り詰めはしましたが、人間の志と資質という点では、貧弱な国家になりはててしまいました。それこそが、最大の危機といえるかもしれません。

そこで私は「二十一世紀の海援隊」の必要性を是非提唱したいのです。今日本に必要なのは、技術でも資本でもありません。志をもって大変革を遂げることのできる人物と、それを支える情報です。まさに、情報こそ〝力〟なのです。そこで私は本物の情報を発信するための「総合情報商社」および「出版社」こそ、今の日本に最も必要と気付き、自らそれを興そうと決心したのです。

しかし、私一人の力では微力です。是非皆様の力をお貸しいただき、二十一世紀の日本のために少しでも前進できますようご支援、ご協力をお願い申し上げる次第です。

浅井　隆